경제 속에 숨은
광고
이야기

더불어 사는 지구는 우리가 세계 여러 나라 사람들과 함께 이 지구에서 더불어 잘 살기 위해 생각해 보아야 할 환경과 생태, 그리고 평화 등의 주제를 다루는 시리즈입니다.

DER VAMPIR-EFFEKT

Wie Kinderwerbung wirkt by Frank Koschembar
ⓒ 2006 Westend Verlag, Frankfurt
Korean Translation Copyright ⓒ 2006 by Green Frog Publishing Co.
All rights reserved.
The Korean language edition published by arrangement with
Westend Verlag through MOMO Agency, seoul.

이 책의 한국어판 저작권은 모모 에이전시를 통해 Westend Verlag 사와의 독점 계약으로 초록개구리에 있습니다.
신저작권법에 의해 한국 내에서 보호를 받는 저작물이므로 무단전재와 무단복제를 금합니다.

경제 속에 숨은 광고 이야기

글 프랑크 코쉠바 | 그림 야요 가와루마 | 옮김 강수돌

초록개구리

| 차 례 |

옮긴이의 말 광고의 홍수 속에서 지혜롭게 살아가기 8

1장 앗, 드라큘라가 나타났다! 13

돈을 빨아먹는 광고 드라큘라 14
엉망진창 꼬마 광고 드라큘라들 17

2장 슈퍼마켓에 있는 드라큘라 23

애들아, 어서 징징거려! 24
기분 좋아져라, 얍! 29
몸에 좋은 게 정말 들어 있을까? 32
장난감 시리즈는 다 모아야 제격! 37
산타 할아버지는 정말 있을까? 42
축제일은 왜 자꾸 늘어날까? 47

3장 인터넷과 휴대 전화 속 드라큘라 51

인터넷 사이트 가입은 드라큘라의 덫 52
휴대 전화야, 세상에서 가장 아름다운 게 뭐니? 60
앗, 휴대 전화 이용료가 이럴수가! 67

4장 가게에 있는 드라큘라 77

마법의 숫자 '9' 78
잡지엔 늘 뭔가가 끼여 있다 81
광고야, 광고야, 꼭꼭 숨어라! 84

5장 텔레비전 속 드라큘라 93

상상력을 좀먹는 어린이 프로그램 94
어린이 광고는 어린이만 노릴까? 102
광고는 어떻게 어린이를 사로잡을까? 106
나도 스타가 되고 싶어! 114

6장 패스트푸드 음식점에 있는 드라큘라 121

가장 멋진 드라큘라만 사는 패스트푸드 음식점 122
어린이를 잡아라! 124
햄버거와 캐릭터 장난감이 만나면? 128

7장 학교에 있는 드라큘라 133

짠, 나도 광고 드라큘라! 134
코 묻은 돈도 모이면 수천억 원! 136
학교 마케팅은 누워서 떡 먹기 138
어린이를 평생 고객으로 만드는, 학교 후원하기 144

끝으로 하고 싶은 말 광고 드라큘라야, 이제 영원히 안녕! 148
추천의 글 광고의 본모습을 제대로 보여주는,
말랑말랑한 경제교육서 _**박명숙**(환경정의 어린이환경보건팀장) 149

옮긴이의 말

광고의 홍수 속에서 지혜롭게 살아가기

　피자 가게에서 피자를 시켜 먹으면 쿠폰을 주지요. 대개는 10개를 모으면 피자 한 판을 공짜로 줘요. 또 대부분의 패스트푸드점에서는 많이 사 먹을수록 할인을 해 주는 카드를 써요. 어른들도 빵집이나 주유소 같은 데서 돈을 많이 쓸수록 포인트가 쌓여 선물을 받거나 할인을 받습니다.

　이렇게 우리가 소비 생활을 하는 데에는 수많은 광고 홍보 활동이 끼여들지요. 실제로 우리는 자기도 모르는 사이에 하루에도 수천 가지의 광고를 듣거나 보며 생활하고 있답니다.

　이 책을 쓴 프랑크 코솀바 선생님은 그러한 광고나 홍보가 여러분이나 부모님의 호주머니에서 돈을 털어 가는 '드라큘라'와 같다고 말합니다.

　전설 속에 나오는 드라큘라는 피를 빨아먹는 귀신으로, 끊임없이 다른 생명체의 피를 빨지 않으면 살아남을 수 없지요. 광고나 홍보라는 것도 사람들의 돈을 계속 빨아먹지 않으면 살아

남기 어렵다는 뜻에서 드라큘라와 닮았다고 할 수 있어요.

여러분이 이 책을 찬찬히 읽고 나면 크게 세 가지를 배울 수 있습니다.

첫째, 무엇이 정직한 정보이고 무엇이 거짓된 정보인지 잘 구분할 수 있게 됩니다. 특히 광고 드라큘라에게 속아서 거짓된 정보를 참된 것이라 믿지는 않을 거예요. 한마디로 말하면, 보다 더 슬기로운 소비자가 될 것입니다. 그렇게 되면 소중한 용돈을 함부로 쓰는 어리석은 일을 막을 수 있지요.

둘째, 무엇이 나의 참된 욕구이고 무엇이 거짓된 욕구인지 구분할 수 있게 됩니다. 참된 욕구는 살아가는 데 꼭 필요한 것이 무엇인지 마음 깊은 곳에서 느낄 때 나타나는 것이지요. 그런데 광고나 홍보 활동이 우리에게 심어 주는 거짓된 욕구는

　남들이 사니까 나도 사야 한다는 생각, 남들이 가진 것보다 더 멋있는 것을 가져야 한다는 생각, 이왕이면 더 싸게 더 많이 살수록 좋다는 생각 따위에서 나오는 것이에요.

　그런 식으로 소비를 하면 우리는 결코 만족하거나 행복해질 수 없답니다. 왜냐하면 그렇게 '소비 중독'에 빠지면 참된 욕구를 결코 충족시킬 수 없기 때문이지요.

　셋째, 어떻게 생활하는 것이 올바른 시민으로 살아가는 것인지 잘 배울 수 있습니다.

　예를 들면 텔레비전이 얼마나 우리의 상상력을 빼앗아 가는지, 패스트푸드가 얼마나 많은 질병을 부르는지, 인터넷 세계가 얼마나 무서운지 따위를 알 수 있지요.

　또 책에는 나오지 않지만, 패스트푸드 가게에서 덤으로 주는 장난감이나 캐릭터들이 어떻게 만들어지는지 알아야 합니다. 이런 것들은 중국이나 방글라데시 같은 나라의 가난한 어린이들이 학교도 가지 못한 채 아주 적은 돈만 받고 하루에 12시간

이 넘는 긴 시간 동안 노동을 해서 만드는 것이지요. 우리가 자꾸만 공짜를 좋아한다면 결국 그런 잘못된 어린이 노동을 부추기는 셈이에요.

이런 여러 가지 사례를 보면서 우리는 광고가 우리 호주머니 돈을 빼내가는 것 말고도 우리의 삶을 얼마나 뒤틀리게 만드는지 자세히 배울 수 있어요. 이 책을 읽고 나면 보다 지혜로운 시민으로 살아가는 데 필요한 좋은 정보를 얻게 될 것입니다.

이 책을 읽는 모든 사람들이 광고의 홍수 속에서도 참된 분별력을 기를 수 있기를 소망합니다. 그것이 우리 개인을 건강하게 만들 뿐만 아니라 사회 전체도 더욱 건강하게 만들 것이기 때문입니다.

2006년 11월 3일 학생의 날에
고려대 서창캠퍼스 뒤 서당골에서
옮긴이 강수돌 씀

앗, 드라큘라가 나타났다!

드라큘라는 옛날 이야기 책에만 나올까? 절대 아니야! 오늘날에도 드라큘라가 있거든. 그건 바로 '광고 드라큘라'야. 돈 빨아 먹는 고약한 흡혈귀이지.

모든 것이 돈과 시장을 중심으로 돌아가는 우리 사회에서 광고 드라큘라는 어디서든 볼 수 있어. 늘 새로운 상품이 만들어지고 곳곳에서 사고 팔리는 우리 생활 속 어디에나 그게 숨어 있단다.

돈을 빨아먹는 광고 드라큘라

　사람들은 흔히 드라큘라 이야기를 아주 먼 옛날 이야기라고 생각하지. 드라큘라는 동화책이나 전설 또는, 판타지 소설 속에서 자주 행패를 부리곤 했으니까. 무덤 같은 데서 슬그머니 나와 먹잇감을 찾아내어 목을 물지. 그리고는 거기서 솟는 피를 맛있게 빨아먹거든.
　드라큘라에게 한번 물린 사람은 그때부터 불쌍하게도 영원히 한숨도 못 잔대. 그리고는 자기를 문 드라큘라처럼 밤만 되면 사람들의 피를 빨아먹어야 살아갈 수 있다는 거야.
　그런데 말이야, 이게 모두 동화책에만 나오는 이야기일까? 절대 아니야! 왜냐하면 오늘날에도 드라큘라가 있거든. 그건 바로 '광고 드라큘라'야. 돈 빨아먹는 고약한 흡혈귀이지. 모든 것이 돈과 시장을 중심으로 돌아가는 우리 사회에서 광고 드라큘라는 어디서든 볼 수 있어. 늘 새로운 상품이 만들어지고 곳곳에서 사고 팔리는 우리 생활 속 어디에나 그게 숨어 있단다.

물론 광고 드라큘라는 책 속의 드라큘라와는 조금 다른 점이 있어. 광고 드라큘라는 피가 아니라 돈을 빨아먹는다는 거야. 어린이나 어른의 호주머니 속에 있는 돈을 빼내 간다는 거지. 그리고 피를 빨아먹는 드라큘라는 배부르면 한동안 쉬는데, 광고 드라큘라는 돈을 아무리 빨아먹어도 배부른 줄 모른단다.

그래서 날마다 색다른 꾀를 짜내지. '어떻게 하면 사람들 모르게 돈을 빼내 갈까?' 하고 꿍꿍이셈을 꾸미는 거야. 그런데 왜 사람들은 광고 드라큘라를 없애지 못할까? 그것은 상품을 만들어 파는 사람들이 광고 드라큘라의 도움을 받기 때문이야. 그래야만 상품을 사람들에게 많이 팔 수 있거든. 결국은 돈을 끝없이 벌려고 하는 욕심 때문이지.

가만히 보면 광고 드라큘라를 키우고 돌보는 일은 무척 복잡하단다. 그래서 상품을 만들어 파는 사람들은 광고 만드는 전문가한테 비싼 돈을 주고 광고 드라큘라를 사 오지. 그것은 마치 개를 키워 파는 사람한테서 귀여운 강아지를 사 오는 것과 같아.

'광고 전문가'란 상품을 만든 사람을 대신해서 광고를 해 주는 사람, 광고에 쓸 그럴듯한 글귀를 만드는 사람, 광고 디자인을 하는 사람들을 가리킨단다. 이 사람들은 어떻게 하면 상품을 가장 잘 팔 수 있는 멋진 광고를 만들까 연구하지.

또 판매 전문가는 어떻게 하면 물건을 멋지게 진열해서 사람들이 사고 싶도록 만들까를 생각하지. 이 모든 광고 아이디어와 판매 기술을 죄다 '광고 드라큘라'라고 말할 수 있어.

광고를 만들어 먹고사는 사람들은 여러 해에 걸쳐 광고 드라큘라를 길러 내고 보살펴 온 전문가이기 때문에 이 흡혈귀를 아주 잘 알지.

그리고 개 기르는 사람이 강아지를 팔면 돈을 버는 것처럼, 광고를 만드는 사람은 꼬마 광고 드라큘라를 팔아 돈을 번단다. 또, 광고를 해서 상품이 잘 팔리면 공장 주인이 돈을 벌지. 이렇게 해서 많은 사람들이 돈을 벌게 된단다.

# 엉망진창 꼬마 광고 드라큘라들

광고 드라큘라는 날쌔고 머리도 잘 돌아간단다. 이들은 먹잇감이 눈치채기 전에 많은 돈을 빼 가는 방법을 잽싸게 배우지. 이건 조금도 거짓말이 아니야. 왜냐하면 나도 광고 드라큘라 키우는 일을 하거든. 때때로 어린이에게도 새로운 꾀를 써서 꼬드기기도 해. 바로 이 책에서 내가 그 중 몇 가지를 살짝 알려 줄게.

광고 드라큘라는 태어나서 겨우 며칠 또는 몇 주일 만에 물건이 잘 팔려 나가게 하는 방법을 배우지. 어떤 사람들은 아주 특별한 드라큘라를 만들어 달라고 부탁한단다.

아주 특별한 드라큘라란 사람들이 물건을 사도록 꾀는 데 남

다른 방법을 쓸 줄 아는 드라큘라지. 그렇게 길들이려면 몇 달이 걸리기도 한단다. 시간이 오래 걸릴수록 그 특별한 광고 드라큘라 값이 비싸지는 건 물으나마나지. 돈 잘 벌어 주는 광고 드라큘라가 그만큼 값어치가 나가는 건 당연하잖아!

어떤 돈 많은 공장 주인은 광고 드라큘라를 한꺼번에 여럿 사기도 해. 여러 광고 드라큘라가 서로 힘을 모으면 자기들한테 주어진 일을 더 잘 해낼 것이라고 믿고서는 말이야. 공장 주인은 그렇게 해서 짧은 시간에 훨씬 더 많은 돈을 벌고 싶은 거야. 공장 주인의 마음처럼 돈벌이가 잘 되려면 광고 드라큘라를 만드는 사람의 솜씨가 훌륭해야 되겠지.

그런데 말이야, 가끔 꼬마 광고 드라큘라들이 너무 일찍 팔리는 바람에 서로 협동해서 일을 잘 해내지 못하기도 한단다. 주인이 서둘러 파는 바람에 제대로 길들이지 못한 거야. 그렇게 되면 이 녀석들은 마치 아이들이 뒹굴고 싸우듯 서로 뒤엉켜 엉망진창이 된단다.

녀석들은 누가 더 잘 생겼고 누가 더 재미있는지, 또 누가 더 옳은지 따위를 갖고 하루 종일 싸운단다. 그렇게 서로 하릴없이 싸우다 보면 녀석들은 자기가 해야 할 일, 그러니까 사람들의 호주머니에서 돈을 빼내는 일을 까마득히 잊어먹기 일쑤지. 이런 일은 언제 일어날까?

자, 여기에 어떤 물건이 있다고 치자. 그 물건을 팔려고 아주 웃기는 방법으로 광고를 하는 거야. 그런데 그 광고가 지나치게 튀어서 우리 눈길을 사로잡다 못해 광고 이야기가 혼자서 따로 노는 거야.

그렇게 되면 사람들은 광고가 말하는 물건을 살 생각은 하지도 않고 우스꽝스러운 광고 이야기만 기억하기 쉽단다. 그리고 우리가 그 물건을 기억하더라도 도대체 어떤 회사에서 만든 것인지, 어디서 살 수 있는지도 모르는 거야.

한번 생각해 보렴. 네가 어떤 물건을 사려고 해. 그 물건은 알고 보면 광고비가 많이 들어간 거지. 그런데 너는 광고는 재미있게 보았는데, 그게 너무 재미있는 바람에 어느 회사 제품인지 잘 기억도 못하고 광고에 나온 회사의 물건이 아니라 엉뚱하게 다른 회사 물건을 사 버린다면 어떻게 될까?

그러면 광고를 한 회사 사장은 화가 나겠지. 더욱이 이런 광고 이야기를 만든 사람을 혼내 주고 싶은 심정일 거야. 하지만 대부분의 광고 드라큘라들은 거의 큰 문제를 일으키지 않고 일을 척척 잘 해낸단다.

자 그럼, 이제부터 광고 드라큘라가 얼마나 믿기 어려울 정도로 일을 잘 해내는지 한번 자세히 살펴볼까?

2장
슈퍼마켓에 있는 드라큘라

슈퍼마켓에 가 보면 꼬마 광고 드라큘라들이 아주 많아. 그런데 이 녀석들이 그냥 밖에 나와 있는 게 아니라 이 구석 저 구석에 꼭꼭 숨어 있단다. 이 꼬마 드라큘라들이 슈퍼마켓 안에 여기저기 숨어서 날이면 날마다 하릴없이 빈둥거리며 놀고먹는 셈이지.

자, 이제 꼬마 광고 드라큘라들을 찾아내 볼까?

얘들아, 어서 징징거려!

엄마랑 슈퍼마켓에 가면 가장 가고 싶은 데가 어디니?

정육점 코너나 특별 할인 코너, 집안 청소용품 코너 같은 데는 틀림없이 아닐 테지? 그렇지, 두말할 것도 없이 달콤한 과자나 장난감이 있는 곳이겠지? 아마 이 두 가지는 언제나 원 없이 얻을 수 없기 때문일 거야. 그러니 틈만 나면 너는 그쪽으로 재빨리 달려가지! 절대 다른 코너를 둘러 가지도 않고 가장 빠른 지름길로 말이야.

거기로 가면 네 가슴을 뛰게 만드는 그 모든 것들이 몰려 있지. 막대 모양 초콜릿, 납작한 초콜릿, 고소하면서 짭짤한 비스킷, 쫄깃쫄깃하고 달콤한 젤리……. 이것이 바로 쇼핑이지! 제대로 된 쇼핑! 바로 여기에서 꼬마 광고 드라큘라들이 목을 빼고 너를 기다리고 있단다.

슈퍼마켓 주인은 과자 코너에서 누가 목소리를 크게 내는지 아주 잘 알고 있어. 당연히 엄마나 아빠들이 아닌 줄 잘 알지. 그래, 그게 바로 아이들이라는 것도! 왜냐하면 무엇이 진짜 좋은지, 무엇을 쇼핑 바구니에 담을지 결정하는 건 바로 너희 아이들이기 때문이야. 그래서 슈퍼마켓 주인은 광고 드라큘라가 쓰는 아주 쉬운 꾀를 쓴단다. 그건 말이야 이런 거야.

주인은 자기가 가장 많이 팔고 싶은 물건을 네가 가장 잘 볼 수 있는 곳에다 멋지게 진열하지. 그럼 네가 텔레비전 어린이 프로그램 같은 데서 자주 보았던 바로 그 물건을 네 눈앞에서 보게 되는 셈이야. 어른들 눈앞이 아니라 바로 네 눈앞에 놓인 것이란 말이지.

어른들이야 삼겹살이나 상추 같은 걸 더 좋아하기 때문에 네가 눈독을 들이고 보는 것들을 거들떠보지도 않고 지나치고 만단다. 그렇기 때문에 네가 엄마에게 슬쩍 말을 꺼내면 엄마는 재빨리 "안 돼!"라고 말하지. 네가 아무리 떼를 쓰며 졸라도 엄마는 차갑게 "안 된다면 안 되는 줄 알아!"라고 윽박지를 거야.

그래 좋아. 장을 다 보고 이제 계산대로 가는 거지. 네 앞엔 적어도 열 명이 줄을 서서 돈을 내려고 기다리고 있을 거야. 그런데 이게 웬일? 계산대 오른쪽과 왼쪽에 모두 진열대가 있고, 거기엔 기막히게 달콤한 것들이 가득 차 있지 뭐야?

깜찍한 장난감이 든 달걀 모양 초콜릿, 그리고 막대 모양 초콜릿이 아까 지나온 커다란 초콜릿 코너에서처럼 네게 손짓하고 있는 게 아니니? 진열대 사이로는 쇼핑 카트를 밀고 지나갈 수도 없게 해 놓고서 말이야.

이제 너는 엄마에게 마지막으로 애걸복걸하는 거야. "엄마, 아주 쪼끄만 달걀 초콜릿 하나만 사 줘, 응?" 그런데 웬 떡? 엄마가 "그래, 딱 하나만 골라. 다음엔 절대 안 돼!"라고 하는 게 아냐? 그러면 히히, 성공이지. 그렇게 해서 마지막 순간에 네가 먹고 싶은 것 하나를 바구니에 덥석 집어 넣는 거야!

늦어도 바로 여기서 꼬마 광고 드라큘라는 성공한 셈이지. 네 엄마 주머니로부터 돈을 빼내는 일 말이야. 슈퍼마켓 안에서 자리를 바꾸어 물건을 여기저기 진열해 놓는 것을 '반복 진열'이라고 해.

그리고 계산대 언저리를 '징징거리는 곳'이라고 광고 만드는 사람들은 말하지. 어른들이 볼멘 아이에게 마지막으로, "도대체 왜 징징거리는지 한번 말해 봐."라고 하기 때문이야. 바로 거기서 넌 저 뒤 커다란 코너에서 이미 보고 지나온 것을 다시 한번 보게 되는 거야.

바로 이 계산대 언저리에 초콜릿을 진열시키기 위해 초콜릿 회사 사장은 슈퍼마켓 주인에게 많은 돈을 내야 해. 왜냐하면 그곳에서 네가 하는 마지막 애원마저 엄마가 모른 체하기가 무척 어렵다는 걸 모두 잘 알기 때문이야. 바로 여기서 성공할 확률이 훨씬 높아지는 거지.

네가 슈퍼마켓 안을 한 바퀴 도는 동안 엄마한테 질기게도 졸라 댔다면 이 마지막 순간에는 아무리 작은 것이더라도 하나는 건질 수 있는 법이거든.

또 어차피 엄마가 네게 하나 사 주면 네 동생이나 언니, 형한테도 뭔가 하나씩은 사 줄 게 아니겠니?

이런 게 바로 아주 약은 광고 드라큘라의 참모습이야!

드라큘라에게 속지 않으려면

- 슈퍼마켓은 여러분이 좋아할 만한 물건들을 일부러 어린이 눈높이에 맞춰 진열합니다. 그래야 여러분이 보고 어른들한테 사 달라고 조를 테니까요.

- 계산대에서 조심하세요. 다른 데서 아무 일이 없었더라도 여기서는 무슨 일인가 벌어집니다. 어쩔 수 없이 줄 서서 기다려야 하는 계산대 앞이야말로 여러분이 마지막으로 떼를 쓰는 곳이지요. 과자 회사로서는 돈 버는 재미가 쏠쏠한 곳이지만요.

기분 좋아져라, 얍!

슈퍼마켓에서 늘 음악을 틀어 놓고 시끌벅적하게 광고 방송을 하는 걸 본 적 있지? 어쨌든 쥐 죽은 듯이 조용한 슈퍼마켓은 하나도 없을 거야.

그런 광고 방송을 한번 잘 들어 보렴. 그것은 네가 집에서나 자동차 안에서 듣는 방송 프로그램하고 아주 달라. 그것은 슈퍼마켓에서 쓰려고 따로 만든 프로그램이기 때문이야.

간간이 음악이 흘러나오는 가운데 광고로 나오는 내용은 바로 그 슈퍼마켓에서 살 수 있는 할인 상품들을 수없이 되풀이해서 일러 주는 말이지. 광고 심리학자들은 이미 수십 년 전부터 사람들이 물건을 살 때 음악을 들으면 기분이 좋아진다고

말했어.

　광고 심리학은 사람들이 물건을 이것저것 많이 사도록 하기 위해 무엇을 어떻게 해야 하는지 일러 주거나 광고와 인간의 욕망 사이의 관계를 연구하는 학문이란다. 광고 심리학자들은 지금까지 수많은 실험과 연구를 해 보고서 즐거운 음악이나 특별한 조명, 기분 좋은 색깔, 상큼한 향기 따위가 사람들이 물건을 더 많이 사도록 만든다는 걸 알아냈지.

　희한하게도 실제로 그렇단다. 잘 생각해 봐. 얼마나 많은 가게나 슈퍼마켓에서 경쾌한 음악이 흐르는 가운데 상품들이 눈부신 조명을 받으며 반짝이고 있는지. 게다가 여기저기에서 상큼한 향기가 뿜어져 나오고 있는지를 말이야.

아니면 정육점에 놓인 고기들을 잘 살펴보렴. 쇠고기도 늘 맛깔스런 붉은색을 띠고 있지 않니? 정말 쇠고기가 그런 붉은 빛을 띨 리는 없단 말이야! 많은 종류의 고기들이 사실은 더 밝은 색을 띠고 있어. 그런데 그 사실을 잘 모르는 사람들은 고기를 눈으로만 보고는 별로 맛이 없을 거라고 여기기 마련이지. 정육점 사장은 이걸 잘 알기 때문에 붉은빛이 도는 조명을 켜 놓는단다. 그래야 고기가 늘 싱싱하고 먹음직스럽게 보이거든.

햄처럼 가공한 고기도 마찬가지야. 샌드위치를 만들어 먹으려면 먼저 햄에 입혀진 포장을 뜯어야겠지. 포장을 뜯는 순간 맛있는 냄새가 은은하게 풍기지 않니? 벌써 입 안에선 군침이 돌고 말이야. 바로 이 햄에는 향기와 맛을 내는 특수한 재료가 들어간단다. 그래서 향기롭고 맛있게 느껴지는 거야.

이렇게 식료품들이 늘 맛깔스럽게 보이고 향기로우며 입맛이 당겨지도록 연구하는 회사가 따로 있단다. 그런 회사에서 일하는 식품 공학자들은 실험실에서 여러 가지 화학 재료를 알맞게 섞어서 별난 맛이나 향기를 내게 만들어. 이렇게 뒤섞인 재료를 햄이나 사탕, 초콜릿, 젤리와 같은 수많은 식품에 넣어 특별한 맛이나 향기를 내게 만들지.

몸에 좋은 게 **정말 들어 있을까?**

네가 아침에 우유에 말아 먹는 거 있지? 콘플레이크 같은 것 말이야. 콘플레이크는 옥수수를 납작하게 눌러서 만든 거야. 이렇게 알곡으로 만들어서 우유나 주스를 부어 먹는 걸 '시리얼'이라고 해.

시리얼 포장지에 적힌 설명서를 보면 날마다 우리에게 필요한 영양분을 고루 갖추고 있어. 그런데 사실 시리얼은 우리 몸에 그다지 좋은 게 아니란다. 못 믿겠지? 그래도 정말이야. 설명서를 잘 들여다보면 알 수 있어.

시리얼을 만들어 내는 사람들은 시리얼이 우리 몸에 아주 좋다고 광고해. 어째서 좋다고 할까? 그건 시리얼이 열량이 높고,

성분 가운데 비타민과 미네랄을 비롯해 다른 중요한 영양분이 많기 때문이라는 거야. 장사꾼들은 이런 말을 겉봉에다가 큼직하게 써 놓아. 그래야 잘 보이거든. 그러면 너 같은 아이들이 시리얼이 몸에 진짜

좋은 줄 알고 마음놓고 먹거든. 이것도 사실은 광고 드라큘라의 장난이야!

　시리얼이 몸에 좋다는 말은 반만 참말이고 반은 거짓말이야. 포장지에 씌어 있는 그런 영양분이 시리얼 속에 들어 있는 건 사실이야. 만약 그렇지 않다면 그렇게 쓸 수가 없거든. 그럼 뭐가 문제일까?

　먼저 '뮈슬리'라는 시리얼 이야기를 해 줄게. 뮈슬리는 알곡을 화학 비료나 제초제를 쓰지 않고 퇴비 같은 것으로 키워서 거두어들인 뒤에 으깨서 만든 거야. 꿀이 조금 들어간 뮈슬리에 과일 한 조각, 여기에 우유 한 잔만 곁들여 먹어도 우리 몸에 참 좋아. 맛도 좋고 말이야.

이런 뮤슬리와는 달리 콘플레이크 같은 시리얼이 가진 문제는 설탕이야. 이건 겉봉에 아주 작은 글씨로 써 놓아 아무도 눈치를 못 채지. 그것도 '영양가 정보'에 살짝 숨겨 놓거든. 그래서 네가 시리얼로 먹는 아침 식사는 엄청난 설탕을 먹는 거나 다름이 없단다. 놀라지 마. 많게는 설탕이 40퍼센트까지 들어 있단다.

맙소사! 넌 아침을 먹는 게 아니라 부드럽게 녹아 있는 설탕

을 먹는 거야. 진실한 영양학자라면 이건 건강과는 거리가 멀다고 말할 거야. 네가 콘플레이크를 먹을 때 달콤하고 맛있다고 느끼는 건 다 그 설탕 때문이야.

그런데 광고 드라큘라가 더 큰 속임수를 쓰는 것은, 특별히 어린이를 위해 만든 초콜릿 따위에서야. 흔히 이렇게 말하곤 하지. 초콜릿 안에는 우유가 많이 들어 있기 때문에 몸에 아주 좋다고 말이야. 여기에 또 광고 드라큘라가 나온 거야!

영양가를 따지기 전에 먼저 초콜릿 먹은 애들치고 이가 튼튼하고 하얀 애들이 없거든. 믿을 수 없다고? 그럼 치과 의사 선생님한테 물어 보렴! 치과 의사 선생님이 잘 가르쳐 주실 거야. 네가 단것을 지나치게 많이 먹으면 어떻게 되는지 말이야.

그렇다고 해서 단것을 절대 먹으면 안 된다는 말은 아니야. 단것도 좋긴 하지. 맛도 좋고 게다가 열량도 높으니까. 나도 가끔은 초콜릿을 먹어. 이 책을 쓰면서도 먹고 있단다. 하지만 단것을 지나치게 많이 먹으면 안 된다는 거지! 그리고 무엇보다도 광고 드라큘라들이 식료품 겉봉에서 속임수를 쓰는 것을 모두 믿지는 말라는 거야.

드라큘라에게 속지 않으려면

- 식료품 겉봉에 아이들이나 어른들에게 '특별히 건강에 좋은 식품'이라고 알려 놓은 것을 조심해야 합니다.

- 아주 조그만 글씨로 써 놓은 '영양가 정보'를 자세히 읽어 보아야 합니다. 그 안에 제품 속에 실제로 무엇이 얼마나 들어 있는지 써 놓았거든요.

- 돈만 빼앗아 가는 엉터리 제품에는 눈길도 주지 마세요.

장난감 시리즈는 다 모아야 제격!

가만있자, 아까 그 큼직하고 멋있는 시리얼 포장지를 다시 한번 볼까? 건강에 좋은 것처럼 보이는 그런 식료품을 만드는 사람들은 진짜 꾀돌이 드라큘라를 이용해 속임수를 쓴단다. 그러니 모두들 속아 넘어가는 거지. 그게 뭘까?

그 커다란 포장지를 뜯으면 설탕 맛이 나는 콘플레이크만 들어 있는 게 아니란다. 또 뭐가 있을까? 그렇지, 아주 작은 장난감이나 인형 같은 것도 들어 있지. 그걸 하나씩 모으라고 광고하는 걸 봤지?

네가 텔레비전 어린이 프로그램에서 자주 보았던 주인공 모양을 한 작은 장난감이 들어 있기도 하고, 아니면 작은 확대경

이 들어 있어. 그걸 갖고 네가 그 속에 재밌는 그림 같은 걸 볼 수도 있지. 이것 말고도 여러 가지가 있어. 그런데 그런 장난감을 싫어하는 아이들이 몇이나 있을까? 모든 아이들이 그런 장난감을 좋아한단 말이지.

그래서 벌써 광고 드라큘라가 여기서도 한 건 올리는 거야!

그런 걸 만드는 사람들은 아이들에게 공짜로 장난감만 주면 자기 맘대로 물건을 사게 할 수 있다는 걸 알고 있지. 또 아이들이 그런 걸 아무리 많이 받아도 "그만!"하는 법이 없다는 것도 잘 알고 있단다. 바로 이런 아이들의 마음을 잘 이용해서 돈벌이를 하는 거란다.

어른들이 식료품 포장지 안에다 장난감 같은 것을 넣는 것은 아이들에게 기쁨을 주려고 하는 것이 아니라 돈벌이에 정신이 팔려서 그러는 거란다. 오로지 더 많이 팔려고 그러는 거지. 그래서 아이들이 갈수록 더 많은 장난감을 모아서 한 세트를 만들 수 있도록 만드는 거야. 네가 그 장난감 시리즈를 한 벌 다 모으려면 엄마한테 자꾸 졸라 대서 그것이랑 똑같은 제품을 자꾸 사야겠지.

이게 다가 아니야. 시리즈로 되어 있는 장난감을 모두 모으면 아주 가치 있는 것처럼 말하지. 그렇지만 아무 포장지 속에나 장난감이 들어 있는 게 아니란다. 아주 드물게 들어 있지. 그래야 장난감 시리즈를 모두 모으려고 그 제품을 자꾸 사게 될 게 아니겠니. 이런 속임수가 콘플레이크 같은 것에만 있는 건 아니야.

자, 이제는 우리 모두 장난감이 얼마나 나올지 확률을 한번 계산해 보자꾸나. 어떤 초콜릿 회사에서 달걀처럼 생긴 초콜릿 7개마다 하나씩 장난감을 넣는다고 하자. 다시 말해 초콜릿 6개 속에는 장난감이 하나도 없고 1개에만 장난감이 들어 있단 말이지.

만약 이 장난감 시리즈에 들어가는 장난감을 모두 합치면 12개나 된다고 해 보자. 게다가 네가 달걀 모양 초콜릿을 살 때마다 서로 다른 장난감이 든 초콜릿을 집어 들 확률은 정말 낮겠지? 때로는 똑같은 것들이 나올 테니 말이야.

네가 그 장난감 시리즈 12가지를 모두 가지려면 달걀 모양 초콜릿을 적어도 몇 개나 사야 할까? 아주 쉽고도 간단하지? 적어도 12×7개는 사야 할 거야. 그러면 몇 개야? 그래, 84개지. 달걀 모양의 초콜릿을 적어도 84개나 사야 장난감 시리즈 12가지를 모두 모을 수 있어.

그런데 초콜릿 하나에 500원이라고 치자. 그럼 84개를 사려면 모두 얼마나 필요할까? 그렇지, 자그마치 4만 2000원이나 들지. 아이쿠, 큰일났구나. 싸구려 플라스틱 장난감 몇 개 모으

려고 이렇게 큰돈을 들이다니, 이게 무슨 어리석은 짓이람? 그런 아이들이 10명이면 42만 원, 100명이면 420만 원, 1000명이면 4200만 원……. 그렇게 점점 불어나는 거지.

그런데 여기서 잠깐 멈추고 생각해 보렴. 네가 4만 2000원으로 얼마나 소중한 걸 살 수 있는지를 말이야. 그리고 또 한번 생각해 보렴. 네가 가진 그 작은 장난감들이 지금 이 순간에 정말 중요하고도 꼭 필요한 것인지를 말이야.

그러고 보니 광고 드라큘라가 참 약삭빠르지? 공장 주인이 비싼 돈을 주고 광고 드라큘라를 사더라도 하나도 아깝지 않은 까닭을 이제 알겠니?

드라큘라에게
속지 않으려면

- 어린이들이 먹는 식료품 포장지 안에는 흔히 장난감이 들어 있답니다. 그것도 시리즈물로 되어 있지요. 그래야 장난감 시리즈를 다 모으느라 자꾸 그 제품을 살 테니까요.

- 장난감 시리즈 한 세트를 모두 모으려면 과연 그 식료품을 몇 개나 사야 하는지 한번 계산해 보세요.

- 그걸 모두 사려면 여러분과 여러분의 부모님이 돈을 얼마나 내야 하는지 계산해 보세요.

- 그 장난감이 정말 많은 돈을 주고 사야 할 정도로 중요하고 가치가 있는 것인지 잘 생각해 보세요.

산타 할아버지는 **정말 있을까?**

산타 할아버지, 잘 알지? 그런데 이 산타 할아버지가 장사꾼이라는 걸 알고 있니? 게다가 이 산타 할아버지도 사실은 광고 드라큘라 중 하나라는 사실을 아는 사람, 별로 없지?

이제, 산타 할아버지에 얽힌 전설을 들려줄게. 우리가 '산타 클로스'라고 부르는 성 니콜라스에 관한 전설은 자그마치 1500년 전에 나온 거래. 성 니콜라스가 정말 있었는지는 아직도 잘 모르지만, 여하튼 전설에 따르면 그분은 믿음이 깊고 정직한 사람이었대.

성 니콜라스는 배를 타고 바다를 다니는 사람들이나 상인들, 아이들을 보호해 주느라 애를 많이 썼다는구나. 여기서 상인들을 보호한다는 말을 잘 기억하렴!

성 니콜라스는 한번은 살 길이 막막했던 불쌍한 여자 아이 셋을 도우려고 굴뚝 안으로 금덩어리를 던져 넣어 주었대. 그렇게 해서 세 여자 아이가 목숨을 건지게 되었어. 여자 아이들의 아버지가 금덩어리를 팔아서 아이들에게 먹을 것을 사 주었기 때문이지.

옛날부터 전해 오는 전설이란 게 어떤 건지 잘 알지? 처음엔 별로 길지 않던 이야기가 시간이 갈수록 자꾸만 살이 붙어 이야기가 늘어난단다. 그렇게 수백 년이 흐르는 동안 성 니콜라스가 드디어 산타클로스 할아버지로 된 거지.

그런데 오늘날 우리가 알고 있는 생김새의 산타 할아버지는 지금으로부터 약 75년 전에 등장한 거래. 그래서 산타 할아버지는 네 할아버지와 연세가 비슷할 거야.

산타 할아버지가 어떤 모습을 하고 있는지 잘 알지? 그래, 붉은색 외투를 입었지. 꼬리 달린 붉은색 모자도 쓰고. 그리고 기다란 흰 수염도 기르고 말이야. 가장 중요한 건 산타가 늘 갈색 망태를 둘러메고 다

닌다는 것이지. 그 속엔 무엇이 있을까? 맞아. 선물이 가득 들었지.

이 산타는 알고 보면 슬픈 산타란다. 왜냐고? 이런 생김새의 산타는 미국의 대기업이 만들어 낸 것이기 때문이야. 그 대기업은 바로 콜라를 만드는 곳이지.

너도 잘 알겠지만 콜라는 달콤하고 거무스름하면서 갈색이 도는 음료수야. 우리 몸에 해로운 카페인이 들어 있고 말이야. 실제로 옛날 그림에서도 산타클로스는 붉은 외투를 입었고, 외투 자락 끝엔 하얀 털이 달려 있어. 그런데 이게 바로 그 콜라 회사를 상징하는 색깔과 똑같단다. 얼마나 놀랍니!

자세히 살펴보렴. 그 콜라 병이랑 그 콜라를 알리는 광고 방송, 또 커다란 광고판을 말이야. 바탕은 붉은색이고, 그 위엔 활처럼 구부러진 글씨가 하얗게 씌어 있잖아. 그리고 병 속에 든 콜라, 그게 바로 갈색이란 말이야! 하마터면 갈색을 빠뜨릴 뻔했네. 어때, 이 모두가 산타 할아버지 색깔과 꼭 닮았지?

1931년에 처음으로 이 회사의 광고 포스터를 디자인해 주기로 한 사람이 곰곰이 생각을 했대. 그러다가 자기가 상상한 대로 산타 할아버지를 그려 낸 것이지. 하지만 이 광고 디자이너는 절대로 자기 멋대로 그린 게 아니야. 바로 자기에게 많은 돈을 주고 광고를 맡긴 사람이 돈벌이를 잘 할 수 있도록 그 사람이 원하는 대로 맞추어 디자인을 한 거란다.

이렇게 해서 오늘날 산타 할아버지를 생각하면 우리는 바로 그 디자이너가 그렸던 산타를 떠올리는 거지. 그러다 보니 이제는 다른 모습의 산타를 상상하기가 어렵게 되었단다.

그러면 어떻게 해서 산타 할아버지가 많은 돈을 잡아먹는 광고 드라큘라가 되었을까? 옛날에는 사람들이 크리스마스가 되면 자기 자신을 위해 스스로 작은 선물을 만들었어. 아니면 남에게 주려고 선물을 만들었단 말이야. 백화점이나 가게에 가서 돈을 주고 선물을 사는 게 아니란 말이지. 그런데 콜라 회사가 만든 산타 할아버지가 등장하면서부터 모든 게 달라졌어.

콜라 회사가 만든 산타의 모습이 아주 신기하기도 하고 우스꽝스럽기도 하니 사람들의 눈길을 끄는 것은 당연하지. 그런 산타가 광고에 등장하고부터 갑자기 콜라가 아주 많이 팔린 거야. 얼마나 많이 팔렸던지 다른 회사 사장들이 무척 부러워하며 자기들도 콜라 회사처럼 산타를 이용해 돈을 벌려고 안달이 났지 뭐야.

그래서 다른 회사들도 서로 앞다투어 그 콜라 회사가 만든 산타 그림을 베껴서 자기 회사 광고에 썼단다. 그러다 보니 갈수록 많은 광고 포스터에 붉은 옷을 입은 산타가 등장하게 된 거야.

그 뒤로 크리스마스가 다가오면 더욱 많은 상품들이 쏟아져 나와 사람들이 사고 팔게 되었단다. 그래서 마침내 '크리스마스 한철 장사'라는 말까지 생기게 되었지.

오늘날 크리스마스 무렵이면 다른 어느 때보다 많은 상품이 팔린단다. 수많은 공장이나 가게에서는 한 해 장사 중에서도 크리스마스 장사가 가장 중요하고 큰 장사지. 그래서 우리는 해마다 수백만 명의 산타 할아버지를 볼 수 있게 된 거야. 그것도 붉은색과 흰색과 갈색을 띤 산타를 말이야.

그런데 우리가 이렇게 야단법석을 떠는 동안에, 과연 누가 크리스마스의 본 뜻을 생각하며 아기 예수의 탄생을 진심으로 축하할까? 원래 아기 예수는 베들레헴의 한 허름한 마구간에서 태어났다고 하잖니.

쯧쯧, 가엾은 산타 할아버지!

# 축제일은 왜 자꾸 늘어날까?

크리스마스 무렵에 이렇게 장사가 잘 되니까 사업가들은 되도록 이 기간을 길게 늘리려고 한단다. 혹시 너도 눈치챘니? 예쁘게 꾸민 크리스마스 장식이 10월만 되면 벌써 가게에 등장한다는 거. 크리스마스가 되려면 아직 두 달이나 남았는데도 말이야.

실제로 크리스마스 기간은 크리스마스 4주일 전부터 시작되거든. 그리고서는 새해 6일이 되면 끝이 난단 말이야. 이걸 모두 합쳐도 5주일밖에 안 되지. 그런데 사업가들이 이 크리스마스 기간을 자꾸만 늘려 이제는 거의 10주일 동안 크리스마스 축제를 한다고 떠들썩하지. 크리스마스 기간이 자그마치 두 달

하고도 또 반 달이라니! 놀랍지 않니?

영리하기 그지없는 드라큘라들이 크리스마스 기간이 끝났다고 가만히 있을 리 없지. 이놈들은 재빨리 머리를 써서 아주 작은 축제도 크게 부풀린단다. 그리고서는 사람들의 마음을 건드려 무언가를 자꾸 사서 선물하게 만드는 거야. 아무것도 안 사고 아무한테도 선물을 하지 않으면 마음이 편치 않게 만드는 것이지. 어버이날이 그렇잖아.

어버이날은 왜 만들어졌을까? 그래, 그 날만이라도 부모님에게 진심으로 감사드리자는 거지. 그런데 지금은 어떠니? 서로 사랑하는 마음을 나누는 게 아니라 오로지 선물을 주고받는 날이 되어 버린 거야. 그래서 선물 상자가 클수록 부모님을 사랑하는 마음도 더 크다고 여기게 된 거지. 왜 그렇게 되었냐고? 두말할 것 없이 광고가 그렇게 만든 거지.

그런 식으로 우리는 밸런타인데이가 되면 마치 사랑하는 사람에게 반드시 꽃이나 초콜릿을 사서 선물해야 하는 것처럼 되었단다. 광고는 우리에게 그렇게 해야 한다고 명령하는 것처럼 보여. 마치 우리가 일 년 중 아무 때라도 사랑하는 사람에게 그런 선물을 하면 안 되는 것처럼, 그래서 밸런타인데이에만 선물해야 되는 것처럼 말이야.

할로윈데이도 마찬가지야. 할로윈데이는 본디 아일랜드 풍

습이야. '모든 성인의 날'인 11월 1일의 바로 전날인 10월 31일을 '모든 성인의 날 전야'라고 하는데, 바로 이 날을 '할로윈데이'라고도 해. 이 날 밤에 죽은 사람들의 영혼이 되살아난다고 하지.

미국에서는 할로윈데이를 대단히 큰 축제일로 여긴단다. 특히 어린이의 축제일로 유명한데, 이 날 아이들은 귀신 차림을 하고 할로윈의 상징인 호박을 들고 다녀. 고작 몇 년 전만 해도 몇몇 나라를 빼고는 할로윈데이를 아는 나라가 별로 없었지. 그런데 이제는 독일이나 한국에서도 할로윈데이 축제를 한다고 야단법석이지 뭐야.

나 참! 도대체 사업가들이 앞으로도 얼마나 많은 날들을 축제일로 만들어 돈벌이로 이용해 먹을지 생각하면 정말 가슴이 답답해진다니까.

인터넷과 휴대 전화 속 드라큘라

자, 이제는 광고 드라큘라가 인터넷이나 휴대 전화 속에 얼마나 숨어 있는지 한번 찾아볼까? 인터넷이나 휴대 전화 속에 이 녀석들이 구석구석 숨어 있기 때문에 몇 가지 가장 중요한 것만 이야기해 줄게. 내가 말하는 것만 잘 들으면 광고 드라큘라를 쉽사리 찾아낼 수가 있을 거야. 그럼 잘 들어 봐.

인터넷 사이트 가입은 드라큘라의 덫

인터넷에서 어떤 사이트에 회원으로 가입하지 않았니?

컴퓨터를 켜고 인터넷에 들어가기만 하면 여기저기서 회원으로 가입하라고 난리잖아. 동영상 보기 같은 데서도 그렇고, 과자나 장난감을 인터넷으로 주문하려고 해도 그렇고, 책이나 잡지를 보려고 해도, 또 온갖 광고 전단지 같은 데서도 회원으로 가입하라고 하지.

회원 가입을 하지 않으면 도대체 아무것도 할 수가 없단 말이야. 그런 사이트에 회원으로 가입해야지만 네가 맘대로 컴퓨터 게임도 할 수 있고, 음악이나 영화 같은 것도 내려받을 수 있고, 채팅도 할 수 있어. 이 모든 게 공짜란 말이지! 일단 회원으로 가입하기만 하면 말이야.

아뿔싸! 바로 여기서도 광고 드라큘라들이 우리를 기다리고 있구나. 나도 사실은 어느 인터넷 사이트의 회원이거든. 그래서 나는 그런 사이트들이 왜 회원으로 가입하라고 하는지 잘 안단다. 살짝 가르쳐 줄까?

그럼 예를 한번 들어 보자. 그래, '오천재'란 남자 아이가 있다고 치자. 천재가 어느 인터넷 사이트에 들어가 회원이 되려고 해. 그런데 그 사이트가 과자나 초콜릿 사업을 한다고 해. 천재가 그 사이트에 들어가려면 먼저 회원이 되어야 하지. 그러려면 뭘 해야 할까? 그래, 맞아. 먼저 자기 이름과 주소, 전화번

호, 주민등록번호, 또 이메일 주소를 입력해야 해. 그것만 하면 끝이지!

저런! 바로 그 순간 천재는 드라큘라에게 물려 버렸단다. 왜냐고? 방금 천재가 입력한 것들이야말로 인터넷 사업을 하는 사람들에게는 황금처럼 중요한 것이거든.

이제 과자나 초콜릿을 만드는 회사는 천재를 잘 알게 되었단 말이야. 천재의 이름과 주소, 전화번호, 주민등록번호, 이메일 주소 따위만이 아니라 천재가 자기네 회사 제품을 안다는 것까지 알게 된 것이지. 아휴, 단단히 걸려들고 말았군! 그러나 이게 모두가 아니란다. 그 인터넷 사업가는 천재를 더 많이 알리고 해.

이 회사가 새로운 과자나 초콜릿을 만들어 냈거나 어떤 상품을 더 많이 팔려고 할 때 주로 쓰는 방법인데, 바로 이런 거야. 천재가 자기네 회사에서 파는 새로 나온 과자를 사 먹었다면, 과자 포장지에 붙은 바코드를 입력하라고 하지.

바코드는 상품의 포장이나 꼬리표에 표시된 검고 흰 줄무늬인데 숫자 같은 것도 같이 씌어 있어. 이 숫자를 입력하면 선물을 주겠다면서 말이야. 선물로는 게임 아이템 같은 것을 살 수 있는 사이버 머니를 주기도 해.

어쨌든 천재가 바코드 숫자를 입력하면 그 회사는 천재가 자기네 회사 과자 가운데
뭘 먹었는지, 그 과자
가 언제 생산되어
어디로 팔렸는지
따위를 정확하게
알 수 있어. 포장지
에 있는 바코드 때문
에 과자가 어디서 어디로
흘러가는지를 다 알 수 있어.

그러나 아직 이게 끝은 아니야. 등록을 다 마치려면 '회원 가입 축하 인사' 메일이 천재에게 도착해야 한단다. 축하 메일은 자동으로 천재에게 부쳐지는 거야. 그 자동 메일이 천재에게 잘 도착한다면 그제야 비로소 그 회사는 천재의 이메일 주소가 정확하게 등록되었다고 믿게 되는 거야.

이렇게 해서 천재는 인터넷 사업가에게 그야말로 '고급 정보'를 넘겨준 셈이지. 고급 정보는 내용이 상세하기 때문에 이것만 알면 그 이름의 주인이 과연 무엇에 관심이 많은가, 무엇을 좋아하는가를 알 수 있지. 그래서 이제부터는 그 주소로 온갖 광고가 쏟아져 들어오는 거야.

회원이 되려고 할 때 사이트마다 조금 다르긴 하지만 좋아하는 것, 취미, 받고 싶은 정보 따위를 물어 보기도 해. 이런 질문에 대답을 해 주면 여기에 알맞는 정보를 주기도 하지만, 그 밑바닥에는 자기 회사 상품을 팔려는 속셈이 깔려 있지. 너 자신만이 갖는 특별한 관심은 네가 그 사이트를 이용하는 데 필요한 게 아니야. 그저 사이트를 운영하는 회사에 좋은 정보가 될 뿐이지.

쯧쯧, 불쌍한 천재! 광고 드라큘라는 여기서도 약아빠지기가 이루 말할 수 없구나. 그런데 진짜는 여기서부터야.

천재가 인터넷 사이트에 가입하고 나서 신나는 게임을 하는 바로 그 시간에 인터넷 사업가는 천재에게 보낼 또다른 광고 메일을 준비한단다. 예를 들면 그 메일에는 천재더러 다른 웹 사이트에 들어가서 아까처럼 회원이 되는 과정을 밟으라는 내용이 들어 있어. 그렇게 하면 천재는 그 사이트의 정식 자격을 갖춘 회원이 되어서 거기서 나오는 것이라면 무엇이든 싸게 살 수 있다는 거야.

그런 식으로 천재는 자기도 모르는 사이에 이미 인터넷 고객이 되어 버리고 말았어. 천재는 그저 신나는 게임을 즐기려고 그 사이트에 회원으로 들어갔을 뿐인데 말이야!

그렇게 해서 이 인터넷 고객에게는 이제부터 쉬지 않고 광고가 배달되지. 여기서 그 인터넷 회사가 원하는 것은, 끊임없이

쏘아 대는 드라큘라의 덫에 인터넷 고객이 걸려서 많은 돈을 쓰게 하는 것이야. 오늘날 우리는 날마다 엄청난 광고 메일을 받고 있단다! 정말 끔찍하지?

 그런데 드라큘라의 속임수는 이것으로 끝난 것이 아니래. 아까 말한 천재의 '고급 정보' 있잖아, 천재가 과자 회사에 알려 준 정보 말이야. 과자 회사는 그것을 돈 많이 받고 또다른 회사에 판다는구나. 장난감 회사 같은 데 말이야. 그렇게 되면 장난감 회사도 천재를 잘 알게 되지. 특히 남자 아이들이 좋아하는 장난감을 많이 만드는 회사라면 머뭇거릴 틈도 없이 천재에게 자기네 장난감을 사라고 광고를 보낼 게 분명해.

 광고하는 방법이야 많지. 인터넷으로도 보내고, 우편물로도

보내고, 또 가끔은 전화로도 하지. 이렇게 소중한 개인 정보가 줄줄이 팔리고, 또 돈벌이를 위한 광고는 계속되는 거야. 가엾은 천재, 가엾은 부모님!

그런데 여기서 부모님이 가엾다고 하니 조금 이상하지? 하지만 맞는 말이거든. 왜 그럴까?

천재가 아직 어리기 때문에 돈을 벌 수 없잖아. 그러니 천재가 인터넷에서 뭔가를 사려면 부모님을 졸라야 하잖아. 그래서 부모님도 괴로운 거야. 천재가 뭘 사 달라고 징징거리며 졸라 대거나 떼를 쓰면 어른들이 참고 참다가 할 수 없이 못 이기고 하나 사 준단다. 그래야 비로소 조용해지거든.

물론 인터넷 사이트라고 다 나쁜 것은 아니야. 좋은 것도 많지. 사람들에게 무턱대고 상품을 팔려고 하는 게 아니라 어린이나 청소년을 위해 매우 훌륭한 정보를 주는 사이트도 많아. 또 재미도 있고 많은 걸 배우게 되는 게임 사이트도 있단다. 그런 데는 너의 개인 정보를 딴 데다 팔지 않고 고이 간직한단다.

그런 사이트를 알려면 책이나 잡지, 아니면 텔레비전의 어린이 프로그램에서 찾아보면 돼. 아니면 부모님이나 선생님께 여쭈어 봐도 되겠지. 우리나라에서는 한국인터넷진흥원이 운영하는 청소년 권장 사이트 '아이틴넷(www.iteennet.or.kr)'에서도 어린이에게 바람직한 사이트를 알려 준단다.

드라큘라에게 속지 않으려면

- 부모님께 알리지도 않고 인터넷 사이트에 여러분 개인 정보를 함부로 올리면 안 돼요.

- 인터넷에서 광고하는 상품이 여러분에게 꼭 필요하고, 정말 중요한 것인지 여러 번 생각해 보아야 합니다.

- 인터넷 사이트 여러 곳에 여러분 주소를 마구 입력하면 할수록 여러분이나 부모님이 장사꾼들로부터 상품을 사라는 독촉을 자꾸 받게 됩니다. 인터넷으로든 우편물로든, 심지어는 전화로도 말이지요.

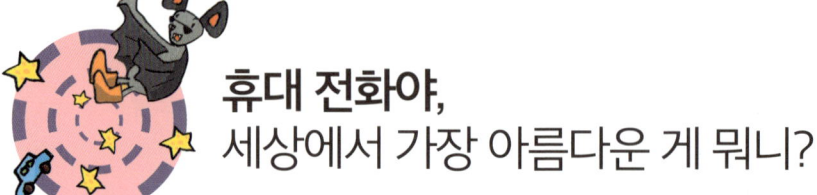

휴대 전화야,
세상에서 가장 아름다운 게 뭐니?

 넌 휴대 전화를 갖고 있니? 없다고? 지금 없다고 해도 아마 오래지 않아 부모님한테서 선물받거나 할걸.
 요즘은 휴대 전화 가진 아이들도 많더라. 놀라운 일이지. 모양도 예쁘고, 화면도 크고, 게다가 카메라 기능까지 있는 걸 좋아하지? 무엇보다도 빠른 무선 인터넷 접속 기능을 가진 게 인기잖아.
 요새 천재도 새로 나온 휴대 전화를 갖고 싶어 난리야. 자기 친구 동우가 갖고 다니는 것과 꼭 같은 걸 사 달라는 거야. 동우 휴대 전화가 아주 멋진가 봐. 동우 휴대 전화는 기능이 없는 게 없대. 웬만한 게 다 된다는 거야. 그런데 천재가 쓰는 건 겨우 전화만 주고받는 거래. 재미없다는 거지. 너도 그러니? 너도 동우 것처럼 멋진 것을 갖고 싶니?

그렇게 해서 또 광고 드라큘라의 함정에 빠지는 거야!

요즘은 휴대 전화가 아이들에게도 사회적 지위를 드러내는 상징이 되었어. 사회적 지위를 드러내는 상징? 조금 어려운 말인데, 이것은 사회적 가치 평가를 나타내는 표시라고 할 수 있어. 다른 말로, 그 사람을 다른 사람들이 얼마나 높이 평가해 주는가 하는 기준이라는 거지. 더 쉽게 말하면, 네가 가진 휴대 전

화가 비싸고 세련될수록 너 자신이 친구들로부터 더 훌륭한 사람인 것처럼 여겨진다는 거야.

바로 이 점을 휴대 전화 회사가 잘 알고 있단다. 그래서 휴대 전화 회사들이 끊임없이 새 모델을 시장에 내놓는 거야. 좀더 멋있게 보이는 것, 좀더 많은 기능을 가진 것, 훨씬 더 세련된 기술을 자랑하는 것, 이런 것이 자꾸 나오는 거지. 그래서 네가 바로 오늘 새 휴대 전화를 샀다고 해도 내일이면 벌써 구닥다리가 되고 말걸.

어른도 마찬가지지. 어른도 늘 새 것만 가지려고 한단 말이야. 이런 것이 모두 광고 드라큘라가 벌이는 장난이지.

만일 네가 용돈을 모아 휴대 전화를 사려고 하면, 돈을 그렇게 많이 주지 않고도 괜찮은 걸 구하는 방법이 있단다. 전화만 주고받거나 문자나 보내는 그런 간단한 것 말고도 꽤 많은 걸 할 수 있는 것으로 말이야. 게임도 할 수 있고, 벨 소리도 다양하게 만들 수 있어. 깜찍하고 예쁜 건 말할 것도 없고.

어떻게 그런 걸 얻을 수 있냐고? 우리나라에는 '약정 할인'이라는 제도가 있어 휴대 전화 기기 값으로 20만 원쯤 내면 90만 원이 넘는 값비싼 휴대 전화를 살 수 있어.

그런데 여기에는 이동통신사가 내거는 조건이 있단다. 예를 들면 한 달 이용 요금이 4만 원이 넘어야 한다거나 벨 소리와

같은 부가 서비스를 반드시 이용해야 한다거나, 또는 2년 이상으로 계약을 해야 한다거나 하는 것들이지. 이게 바로 약정 할인의 내용이야.

이런 계약을 맺을 때에는 반드시 부모님이랑 함께 해야 한다는 걸 잊으면 안 돼! 휴대 전화 회사들이 네게 휴대 전화를 싸게 파는 건 네가 마냥 예뻐서가 아니라 너를 또 하나의 고객으로 삼기 위해서야.

아, 마침 여기에 어느 휴대 전화 회사에서 날아온 광고지가 있네. 이 회사는 최신 모델은 아니지만 성능 좋은 휴대 전화를 싸게 판다는구나.

그 대신 조건이 있어. 맨 처음에 연결하는 데 드는 돈이 3만 원이고, 달마다 기본요금으로 내는 돈이 2만 5000원이야. 문자 메시지는 물론 공짜가 아니고. 한번 계약을 맺으면 적어도 24개월, 그러니까 2년 동안 써야 한대.

자, 그럼 계산을 한번 해 보자. 달마다 2만 5000원씩 24개월이면 얼만가? 그래, 60만 원이지. 제법 큰돈이네. 게다가 처음에 내는 3만 원까지 치면 63만 원이야!

너와 네 부모님이 휴대 전화 하나를 공짜로 받는 대신 2년 동안 63만 원을 내야 한다는 거야! 그리고 문자 메시지 하나를 보낼 때마다 30원씩 따로 내야 하고.

찾아보면 틀림없이 이것보다 더 싼 휴대 전화도 있을 거야. 하지만 휴대 전화가 낡았겠지. 이런 게 바로 저 드라큘라를 앞세운 장사라는 거지. 아까 말한 '사회적 지위를 드러내는 상징'을 갖고 장난치는 광고 드라큘라의 돈벌이 말이야!

드라큘라에게
속지 않으려면

- 휴대 전화를 살 때엔 여러 회사들이 제공하는 것들을 꼼꼼히 잘 견주어 보세요.

- 공짜 휴대 전화나 무료 통화 같은 광고에 속아 넘어가지 마세요. 이 세상에 공짜는 절대로 없어요.

- 휴대 전화를 사느라 계약서를 쓸 때에는 부모님과 함께 하세요. 그리고 약정 할인으로 휴대 전화를 살 때에는 계약 기간 동안에 기본요금이 얼마나 되는지 꼭 계산해 보세요.
미성년자인 여러분 스스로를 실제 사용자로 등록하세요. 그래야만 여러분이 받아서는 안 되는 광고나 스팸 메일 따위를 받지 않게 된답니다.

- 공짜 휴대 전화를 얻기보다는 돈을 주고 사는 게 더 나을 수 있어요. 그렇게 하는 것이 한 달 사용료가 훨씬 적거든요.

- 최신 휴대 전화가 꼭 필요한지 잘 생각해 보세요. 어차피 얼마 지나지 않아 그것도 금세 낡은 것이 되어 버리죠. 여러분의 친구가 정말 좋은 친구라면 여러분이 어떤 모델을 갖고 다니든 흉보지 않을 거예요.

- 부모님과 함께 인터넷을 잘 살펴보면 싼값에 꽤 괜찮은 휴대 전화도 살 수 있어요. 요즘은 그런 게 많이 나오거든요. 인터넷으로 살 때에는 특히 약정 할인이 많지요. 지나치게 싸다면 왜 그런지 더욱 꼼꼼하게 살펴보아야 해요.

앗, 휴대 전화 이용료가 **이럴수가!**

자, 이제는 수재 이야기를 조금 해 줄게. 수재는 천재의 형이란다. 수재는 남이 하는 말을 곧이곧대로 믿기 때문에 순진함 그 자체라고 볼 수 있어. 그래서 아이들이 때로는 수재라고 부르지 않고 '순진'이라고도 불러. 그래도 수재는 잠깐 눈살을 찌푸리다가 씩 웃고 만단 말이야. 하여간 그래.

그런데 얼마 전에 엄마가 수재와 천재에게 처음으로 휴대 전화를 사 주었어. 왜냐고? 엄마로서는 아이들이 학교에 제대로 갔는지, 혹시라도 무슨 일이 생기지는 않았는지 걱정이 많거든. 그래서 휴대 전화로 서로 연락이라도 자주 하면 마음이 놓이잖아. 만일 아이들이 학교가 끝난 뒤에 곧장 집으로 오지 않

고 조금 멀리 가면 엄마한테 미리 꼭 전화를 하라고 그런 거지. 놀이 공원 같은 데 갔으면 잘 도착했다고 집에 전화를 하고 말이야. 그래야 엄마가 마음을 놓을 것 아니겠니.

그러면 그 휴대 전화 요금은 어떻게 될까? 어디 한번 따져 보자. 우선 수재는 한 달 기본요금이 2만 5000원이고, 또 수재가 엄마에게 날마다 거는 비용은 기껏해야 한 달에 1만 원이 조금 넘겠지. 자, 한 달에 2~3만 원쯤 내고 엄마가 아이들이 안전한지 마음을 놓을 수 있다면 괜찮은 거지. 엄마로서는 말이야.

드디어 수재가 휴대 전화를 쓴 지 한 달이 지나고 휴대 전화 이용료 청구서가 왔어. 엄마는 그 사이에 5만 원어치쯤 전화를 했구나. 엄마는 수재에게만 전화를 한 게 아니고 직장일로 전화를 꽤 쓰는 편이지. 그런데 수재가 전화한 게 자그마치 15만 원이 넘게 나왔어! 도대체 어떻게 된 일일까?

문제는 수재가 너무나 천진난만해서 자꾸만 속아 넘어갔다는 것이야. 광고 드라큘라들 때문에 말이야! 나도 화가 나서 수재와 함께 광고 드라큘라 사냥에 나섰어. 도대체 무엇 때문에 수재가 속아 넘어갔는지 확실히 알고 싶었거든.

먼저 텔레비전을 보자꾸나. 수재는 별 생각 없이 여러 채널을 돌리다가 새로 나온 뮤직 비디오가 있으면 푹 빠져서 본단다. 그 프로그램은 괜찮은데, 중간중간에 광고가 자주 나오는 게 탈이야. 바로 그 광고 시간에 광고 드라큘라들이 나와서 돌아다니더군. 최신 벨 소리나 핸드폰 배경 화면, 재미있는 동영상, 캐릭터 같은 것들을 내려받을 수 있게 한 거야.

순진한 수재가 좋은 걸 그냥 지나칠 리 없지. 곧바로 그런 것들을 내려받기로 한 거야. 광고에 나온 코드 문자를 자기 휴대 전화의 문자 메시지로 입력해서 그 전화번호를 꾹 눌러 용감무쌍하게 보낸 거야. 그걸 보내자마자 응답 메시지가 왔단다. 그래서 수재는 확인 단추를 꾹 누른 거야. 그리곤, 끝이지!

　사실 휴대 전화로 무선 인터넷에 접속해서 캐릭터나 벨 소리, 게임 따위를 내려받는 일이 더욱 흔하지. 이런 것들을 내려받으면 '정보 이용료'라고 해서 사용료를 내게 되고, 여기에 무선 인터넷에 접속한 요금, 그러니까 전화 요금이 합쳐진단다.

　아이들은 흔히 벨 소리를 내려받는 건 공짜라고 생각해서 아무렇지 않게 내려받는 데 사실은 내려받는 동안 드는 전화 요금은 생각하지 않은 거지. 그래서 전화 요금이 엄청나게 나오는 거야. 그러니 수재가 텔레비전을 보고 이런저런 정보를 휴대 전화로 내려받는 동안 전화 요금도 꽤 올라간 거야.

또 이런 일도 있어. 그건 수재가 달마다 보는 스포츠 잡지 속에 나오는 거야. 스포츠 잡지 속에는 광고가 들어 있잖아. 그 광고 중에 인기 있는 것은 요새 유행하는 휴대 전화 벨 소리, 최신 영화나 텔레비전의 최고 인기 프로그램, 최신 가요, 배경 화면용 사진, 전송용 사진, 게임, 로고나 캐릭터 같은 것들이지.

그런데 수재는 자기 휴대 전화를 아주 멋지게 꾸며 보려고 이런 광고들을 보고 열심히 주문을 했어. 가격 표시는 눈곱만큼이나 작아서 아무도 알아볼 수 없을 정도였어. 그러니 수재만 멍텅구리라고 나무랄 수 없더구나.

우리는 인터넷에서 또 수많은 광고 드라큘라를 찾아냈단다. 요즘 컴퓨터 없는 집이 없지? 컴퓨터 없이는 못 사는 세상이 되어 버렸으니 말이야. 아, 그런데 이게 웬일이니? 우리가 텔레비전이나 스포츠 잡지 같은 데서 보았던 그런 광고들이 인터넷에도 똑같이 나오는구나. 하기야 당연한 일이지. 돈벌이를 목적으로 하는 회사들이 이렇게 좋은 사업 기회를 절대 놓칠 리 없지.

우리는 수재가 자주 들어가는 웹 사이트를 함께 들어가 보았어. 놀랍게도 거기엔 휴대 전화를 멋지게 꾸미기 위해 살 수 있는 건 다 들어 있더군. 휴대 전화에 관계된 것 말고는 하나도

없어. 여기서도 수재는 이것저것 샀어. 아버지나 어머니에게 물어 보지도 않고 말이야.

그 다음엔 우리가 뭘 했을까? 한번 맞혀 보렴. 우리는 변호사를 찾아갔어. 이럴 경우에 도대체 어떻게 하는 게 좋은지 물어 보러 간 거야.

변호사 말로는, 우리가 받은 그 휴대 전화 이용료 청구서를 벨 소리 판매 회사에 어서 되돌려보내라는 거야. 물론, 아무것도 모르는 수재가 부모님 모르게 그 모든 것을 함부로 주문한 것이라고 설명을 써서 말이야.

그래서 우리는 곧바로 그 회사에 연락을 했고, 편지를 써서 휴대 전화 이용료 청구서와 함께 보냈단다. 마침내 엄청난 돈을 내지 않아도 되었어. 하지만 이렇게 할 수 있었던 데에는 휴대 전화를 살 때 실제 사용자를 어린이(미성년자)인 수재 이름으로 등록했기 때문이야.

휴, 다행이지! 이렇게 해서 이번만큼은 우리가 그 못된 드라큘라들을 호되게 혼내 줄 수 있었어.

드라큘라에게 속지 않으려면

- 휴대 전화를 꾸미느라고 벨 소리, 최신 가요, 인기 프로그램, 전송용 그림, 로고나 캐릭터 같은 것들을 함부로 내려받지 마세요. 이런 건 거의 아주 비싸답니다. 그런데도 가격 표시를 작게 해 놓아 눈에 잘 띄지 않지요.

- 만일 멋모르고 주문했다면 인터넷이나 휴대 전화로 취소할 수 있어요. 그러나 그 달에 이미 쓴 것은 요금을 내야 합니다.

- 휴대 전화에 쓸 벨 소리나 그림을 내려받았다면 그 소프트웨어 회사에 말해서 통신 요금 청구서에 한 달 동안 쓴 내용이 정확히 적혀서 나오게 하세요. 안 그러면 모두 뒤섞여서 도대체 얼마나 많이, 무엇 때문에, 어느 회사에 돈을 내야 하는지 알 수가 없단 말이에요.

- 소프트웨어 회사들은 어린이나 청소년이 흔히 부모님에게 물어보지도 않은 채, 마치 미리 말하고 허락을 받은 것처럼 '클릭' 한 번으로 상품을 산다는 걸 잘 알고 있어요. 그러면서도 이 회사들은 이걸 노리고 돈을 번다는 사실을 우리는 잘 알아야 해요.

- 그래서 어린이나 청소년은 부모님과 같은 보호자의 동의가 없이는 휴대 전화를 이용한 거래나 인터넷 거래를 해서는 안 돼요.

- 만약 그런 일이 벌어졌다면 요금 청구서를 다시 벨 소리 회사 같은 데로 되돌려보내야 해요. 물론 부모님이나 보호자는 어린이가 어른의 허락을 받지 않고 그런 일을 벌였다는 것을 문서로 만들어서 함께 보내야 해요. 그렇게 하면 그 부분만큼 돈을 안 내도 됩니다. 앞에서 말했듯이 이렇게 할 수 있는 것은 휴대 전화를 개설할 때 실제 사용자를 어린이나 청소년 이름으로 등록했을 때입니다.

- 그러니 어린이나 청소년이 휴대 전화를 살 때에는 어린이 또는 청소년 전용 요금제를 쓰는 것이 좋아요. 어린이 또는 청소년 전용 요금제는 휴대 전화 실제 사용자를 어린이나 청소년 이름으로 등록합니다. 이렇게 하면 한 날에 쓸 수 있는 요금을 정해 놓아 어린이나 청소년이 멋모르고 이런저런 정보를 내려받는 일을 미리 막을 수 있어요.

4장
가게에 있는 드라큘라

집 근처에 가게가 많지? 우리 집 앞에도 가게가 하나 있어. 그 가게 주인은 우리 아이들과 친하게 지낸단다. 아이들이 그 가게에 뭘 사러 자주 가거든.

이 녀석들은 주머니에 돈만 생기면 곧잘 가게로 달려가. 가끔은 우리 어른들이 설득해서 못 가게 하기도 하지만, 그래도 거의 날마다 가게로 달려가지. 그러니 이 녀석들이 가진 돈은 이튿날이면 바로 딴 것으로 변하고 말아. 사탕, 스티커, 만화책, 게임용 카드나 캐릭터 딱지 같은 것들로 말이야.

자, 그러면 지금부터 도대체 이 작은 가게에 어떤 드라큘라들이 살고 있나 한번 살펴볼까?

마법의 숫자 '9'

너도 이상하다고 여긴 적이 있니? 가게에 가 보면 많은 상품들이 가격표에 '9'라는 숫자를 달고 있는 사실을 말이야. 왜 상품 가격표엔 '9'라는 숫자가 그렇게 많이 붙어 있을까?

예를 들면 사탕 한 봉지에 990원이라고 씌어 있는 것처럼 말이야. 네가 자주 사 보는 만화책도 3900원이고, 음악 시디 한 장도 1만 9000원이란 말이야. 물론 이런 건 작은 가게에만 그런 게 아니고 좀더 큰 슈퍼마켓이나 백화점에서도 그렇지.

왜 그런지 곰곰이 생각해 본 적 있니? 그 까닭은 간단해. '9'라는 숫자가 아주 오랜 옛날부터 이름을 날린 드라큘라이기 때문이지.

어떤 물건이 990원이라는 것은 실제로는 1000원이나 다름 없지. 1000원에서 고작 10원이 빠지는 것이니까. 아까 말한 그 만화책은 4000원에서 100원이 빠지는 것이고, 음악 시디는 2만 원에서 1000원이 빠진 거야. 너도 가게에 가서 가격표에 9가 붙은 물건이 얼마나 되는지 세어 보렴. 거의 다 그렇지!

광고 심리학자들은 이미 오래 전부터 이렇게 확신하고 있단 다. 사람들이 물건을 살 땐 언제나 앞에 나오는 숫자만 본다는

거야. 1900이란 숫자를 보면 사람들은 1을 먼저 보기 때문에 마치 1000원으로 느낀다는 것이지. 그 뒤에 나오는 900이란 숫자는 사람들이 맨 앞의 1만큼 강하게 느끼지 못한다는 거야. 사실은 거의 2000원짜리 물건인데도 말이야. 그러다 보니 사람들은 실제 물건 가격보다 훨씬 싸다고 느낀다는 거야.

엄마가 네게 1900원짜리 학용품을 사 주려 하면 너는 "엄마, 그건 2000원짜리예요!"라고 말하지는 않을 거야. 그 대신 너는 앞에 씌어 있는 '1'자만 보고 그게 1000원 정도밖에 안 하니 싸다고 느낀단 말이지.

자, 이번에는 이렇게 생각해 봐. 엄마가 네게 늘 하던 것처럼 용돈으로 5000원을 주지 않고 4900원을 주었다고 치자. 그러면 너는 용돈이 5000원이 아니라 4000원처럼 느껴지지?

넌 엄마에게 용돈이 적다고 괜히 불평을 하겠지. 속은 것 같은 기분이 들고 말이야. 큰일이라도 난 것처럼 투덜거리지. 실은 고작 100원짜리 동전 하나가 모자라는 건데 말이야. 그러니 '9'라는 숫자가 얼마나 마술 같은 것인지 잘 알겠지?

잡지엔 늘 뭔가가 끼여 있다

　너도 잘 알다시피 어린이 잡지나 청소년 잡지는 아주 많아. 그런데 그런 걸 하나 사면 꼭 '공짜 선물'을 끼워 주지. 도대체 이게 뭘까? 다른 말로 하면, 무엇을 살 때 덤으로 뭘 하나 거저 주는 것이지.

　작은 선물이라고도 할 수 있는데, 이런 것은 한꺼번에 많이 만들어 공짜로 주는 거란다. 예를 들면 볼펜, 연필, 돼지 저금통, 보물 상자, 예쁜 수첩 같은 것들이지. 흔히 이렇게 덤으로 주려고 만든 물건에는 그 물건을 만든 회사의 광고 문구가 인쇄되어 있어.

　공짜 선물은 이런저런 방법으로 다른 상품과 붙어 다니거나

끼워서 팔거나 해. 예를 들면 천재가 잡지를 하나 샀는데, 거기엔 속이 훤히 보이는 비닐 주머니가 달려 있어. 그 속엔 탁자용 축구 게임이 들어 있더군. 또 다른 잡지엔 플라스틱으로 만든 비행기가 하나 덤으로 들어 있어. 어떤 잡지엔 소리가 잘 나는 심판용 호루라기가 붙어 있고.

그런데 말이야, 넌 사람들이 왜 그런 공짜 선물을 끼워 주는지 생각해 본 적이 있니? 그 잡지나 신문을 만드는 사람들의 성품이 훌륭하고 친절해서 우리에게 기꺼이 선물로 주는 걸까? 어림도 없는 이야기지!

끼워 넣기로 물건을 주는 사람들은 그것으로 엄청난 장사를 하는 거야. 왜 그럴까?

공짜로 장난감을 끼워서 팔면 많은 아이들이 공짜 장난감을 갖고 싶어서라도 잡지를 사거든. 뭘 보려고 잡지를 사는 게 아니라 거기에 붙은 공짜 선물에 눈이 팔려 사는 거지. 잡지사로서는 공짜 선물을 끼워 팔더라도 돈이 얼마 들지 않는단다. 오히려 그렇게 덤을 끼워 팔면 돈을 더 많이 벌지.

어떻게 해서 돈을 더 벌게 될까? 한편으로는 잡지를 더 많이 팔아서 그렇고, 다른 한편으로는 잡지마다 광고가 많이 들어 있으니 잡지를 많이 팔면 광고도 많아지잖아. 그러니 아이들이 그만큼 광고를 많이 보게 될 것이고, 또 그만큼 잡지사는 광고를 내려는 회사들한테 광고료를 많이 받을 수 있지.

그래서 잡지사는 공짜 선물을 붙여서라도 잡지가 많이 팔리게 하는 거야. 그러니 덤으로 붙은 이 작은 장난감 드라큘라들이 얼마나 돈벌이를 잘하는지 이제 알겠지?

광고야, 광고야, **꼭꼭 숨어라!**

편의점에서 파는 잡지 속에 광고가 얼마나 많이 들어 있는지 한번 세어 보렴. 그리고 그 잡지의 편집자들이 여러 주제를 놓고 정성들여 쓴 좋은 글이 도대체 몇 쪽이나 되는지 세어 보렴. 아마 제법 많은 부분이 장난감 회사나 스포츠 용품 회사 들이 선전하는 광고로 가득 차 있을걸.

잡지를 펴면 텔레비전 어린이 프로그램에 나오는 주인공이 나올 거야. 그 주인공의 이야기를 따라가다 보면 온갖 선전이나 광고를 다 읽게 되지.

또 잡지에는 퍼즐이나 글자 맞히기 게임이 있어. 그걸 잘 맞히면 무슨 상품 같은 것도 받게 되고 말이야. 그런데 이런 걸

다 맞혀서 상품이라도 받으려면 그 답안을 인터넷이나 우편으로 잡지사 담당자한테 보내야지. 그 때 바로 그 퍼즐이 있는 쪽을 잘 보면, "이름과 주소를 꼭 쓰세요!"라고 되어 있단다.

아하! 우리한테는 눈에 익은 드라큘라들이 바로 여기에도 숨어 있군. 이건 우리가 이미 3장 '인터넷과 휴대 전화 속 드라큘라'에서 자세히 살펴보았지?

또 이런 일도 있어. 유명한 운동선수가 입는 운동복에 바로 네 이름을 새겨 준다는 거야. 물론 공짜는 아니지. 유명한 선수가 입는 옷과 똑같은 옷에 네 이름이 박힌다니, 그걸 입고 운동을 하면 얼마나 멋질까? 바로 이런 게 네가 꿈꾸던 게 아니니?

그런데 그걸 받으려면 어떻게 해야 하지? 당연히 인터넷을 열고 그 사이트로 들어가 네가 입을 옷의 크기를 네 이름, 주소와 함께 입력해야지. 그리고 하나 빠진 게 있어. 뭘까?

그래 맞아. 신용카드 번호를 입력해야지. 돈을 내야 하니까. 그것도 많은 돈을. 그야 물론 그 옷이 비싸니까 그렇지. 그 유명한 운동선수가 입는 옷을 만드는 회사가 옷마다 일일이 이름을 새겨 주어야 하니 비쌀 수밖에! 그런데 문제는 너한테 신용카드가 없다는 거야. 그러면 어떻게 할까?

이제 방법은 하나밖에 없네. 그래, 부모님을 설득하는 거야. 부모님은 신용카드를 적어도 하나씩 갖고 계시거든. 그런데 어떻게 설득할까?

그래 맞아, 좋은 생각이 떠올랐어. 어차피 받을 생일 선물과 크리스마스 선물을 합쳐서 그 비싼 옷으로 하나만 사 달라고 하는 거야. 그것으로도 모자란다 싶으면 할머니와 할아버지가 주실 선물까지도 거기에 합쳐서 사 달라고 우기는 거지.

결국 어린이나 청소년이 주로 보는 잡지란 게 따지고 보면 광고 책자에 지나지 않는 거야. 그야 물론 네가 눈치 못 채게 은근슬쩍 광고를 하지만 말이야. 도대체 잡지사들이 그런 광고를 싣는 목적이 뭘까? 그것은 오로지 장난감이나 텔레비전 프로그램, 캐릭터 딱지, 비디오, 스포츠 용품 같은 것들을 아이들에게 선전하고 더 많이 팔려는 거지.

그러다 보니 또다른 어린이 잡지를 소개하는 광고가 버젓이 여러 면을 차지하는 일도 있어. 경쟁이 심할 것 같다고? 그런 건 절대 없단다. 잡지는 다 달라도 그 잡지들을 만드는 잡지사는 같은 회사인 경우가 많거든. 게다가 다른 잡지에서는 같은 상품을 겹치기로 광고하기보다는 또다른 상품들을 광고하지.

그런 잡지 회사의 홈페이지로 가서 자세히 살펴보면 다 나와. 물론 네 이름을 입력해서는 안 돼! 아무것도 손대지 말고 그 사이트에서 소개하는 잡지들을 자세히 살펴보기만 해. 슬쩍 보아도 수많은 상품이 광고로 나와 있지? 그런 잡지엔 편집부에서 정성을 들여 쓴 글이 별로 없단다.

더욱 기막힌 일은 이렇게 광고가 가득 실린 잡지는 아이들이 돈을 더 내고 사는 셈이야. 예를 들어 여자 아이들이 많이 보는 잡지를 한번 볼까? 이 잡지는 일주일마다 세상에서 가장 유명한 인형과 그 친구들 이야기를 새롭게 싣지.

아이들은 이 인형에게 옷을 입힐 수도 있고 바꿀 수도 있어. 모든 여자 아이들이 이 인형을 잘 알고 있어. 그런데 이 잡지는 3000원이고, 이걸 하나 사면 당연히 공짜 선물을 하나씩 준단다. 작지만 반짝거리는 멋진 볼펜 하나가 잡지에 붙어 있지. 사실은 이것까지 해서 3000원을 내는 거야!

원래 제대로 하자면 그런 광고 책자야 공짜로 볼 수도 있는 거지. 왜냐하면 그 광고 책자 같은 잡지가 노리는 건 인형과 인형에게 입힐 옷을 되도록 많이 파는 것이니까. 그런데도 볼펜 하나 끼워서 광고 책자까지 파는 거란다. 따지고 보면, 텔레비전과 잡지사, 그리고 인터넷이 서로서로 힘을 모아 엄청난 돈벌이를 하는 거지.

이런 잡지사들은 거의 어린이 영화를 만드는 회사와 같단다. 잡지사는 어린이 만화에 나오는 주인공을 캐릭터로 만들어 팔거나 캐릭터 딱지 같은 걸 만들어 팔지. 이런 회사들은 텔레비전 방송사에 많은 돈을 갖다 준단다. 그래야 또 자신들이 만든 상품을 잘 광고해 주거든.

또 방송사는 인터넷 회사와 이어져 있고, 인터넷 회사는 또 장난감 회사와 이어져 있지. 이렇게 한 회사는 또다른 회사와 깊숙이 이어져 있단다. 그래서 아이들에게 무엇이든 멋지게 보이도록 만들고, 또 그걸 어떻게 하면 많이 팔지 머리를 짜내 할 수 있는 방법을 모두 쓰는 거야.

물론 좋은 어린이 잡지도 많단다. 그런 잡지에는 실력 있는 편집부 사람들이 쓴 좋은 기사도 꽤 있지. 그럼 좋은 기사란 어떤 것일까?

그것은 무엇을 팔기 위해 수단과 방법을 가리지 않는 회사의 상품 이름이나 새로 나온 상품 안내 같은 게 별로 없이, 오로지 어린이에게 도움이 되는 글을 싣는 걸 말해. 이런 점을 잘 생각하면, 너도 편집 기사와 광고 기사를 분간할 수 있을 거야.

그런데 바로 이런 편집 기사 속에서조차도 광고가 가끔 섞여 있단다. 청소년들이 많이 보는 스포츠 잡지를 한번 살펴볼까? 편집 기사로 나온 내용을 보니 웬만한 스포츠 협회 조직과 선수 명단, 그리고 스타들을 자세히 소개해 놓았군. 그리고 편집 기사 사이사이 조그만 네모 칸이 있고, 그 안에 글이 있지? 그걸 '박스 기사'라고 해.

박스 기사 하나만 볼까? 유명 선수들이 신는 신발이 무엇이고, 좋은 점이 무엇인지 잘 설명하고 있구나. 이런 박스 기사조차 광고와 다를 것이 없어. 그 신발 회사는 광고를 하기 위해 큰돈을 낸 게 분명해!

웬만큼 알려진 스포츠 협회는 사실 하나의 기업이란다. 돈벌이를 목적으로 하는 기업 말이야. 이런 협회에서는 유명 선수들을 수백억 원씩 돈을 주고 사고 파는 일이 흔해. 또 이런 협회들이 경기장을 운영하는데, 우리가 경기장 입장료를 내면 그게 모두 이들의 주머니에 들어가는 거야.

이들은 또 유명 선수를 따르는 팬들을 위해 가게도 차리지.

거기에는 인터넷과 똑같이 운동복을 비롯한 여러 가지 액세서리, 스티커 따위를 팔아. 이런 것은 이들 협회가 벌이는 사업에서 아주 작은 부분일 뿐이란다. 만일 네가 잘 보는 스포츠 잡지의 편집 기사 안에 어떤 유명 스포츠 협회의 로고가 자꾸 나온다면 그것도 결국은 광고가 아닐까?

또 음악 잡지를 봐도 마찬가지야. 거기에도 역시 유명한 밴드나 최신 히트 작품을 놓고 수많은 기사가 빼곡히 실리지?

그런 잡지를 보면 너는 오늘의 스타가 누군지, 하루를 어떻게 보내는지, 누구랑 사랑에 빠졌는지, 화장은 어떻게 하며, 꿈은 무엇인지 따위를 자세히 알 수 있어. 아이들에게 팔기 위해 그런 모든 것을 조사하고 정리해서 기사로 쓰는 거지.

그런 기사를 읽으면 뭔가 많이 아는 사람이 된 것 같아서 친구들과 얘기할 적에 끼기도 좋지. 그래, 또 중요한 건 이런 것이지. 만약 누군가가 어떤 가수를 잘 알고 좋아한다면 그 가수의 음반도 사고 싶겠지.

드라큘라에게 속지 않으려면

- 어린이 잡지나 청소년 잡지가 대부분 상품을 광고하려는 회사들이 만드는 것임을 잘 알아야 합니다.

- 편집 기사와 광고 기사를 잘 가려서 보아야 합니다.

- 이따금 편집 기사 속에도 광고가 실려 있으니 절대로 속아서는 안 됩니다.

5장
텔레비전 속 드라큘라

텔레비전을 한마디로 말하면, '드라큘라의 보금자리'라고 할 수 있어. 드라큘라의 안방이라는 말이지. 광고 드라큘라들은 텔레비전이 자기 집 안방인 것처럼 아침부터 밤까지 제멋대로 돌아다닌단다. 그 중에서도 가장 크고 가장 꾀 많은 녀석을 한 번 찾아볼까?

상상력을 좀먹는 **어린이 프로그램**

아침 7시면 텔레비전에서는 어린이 프로그램을 시작해. 이 시간쯤이면 벌써 많은 아이들이 텔레비전 앞으로 몰려들지. 그런데 나는 얼마 전에 아주 재미있는 보고를 하나 보았단다. 그건 바로 어린이 비만을 다룬 것이었어.

지난 10년 동안 뚱뚱한 어린이 숫자가 두 배나 늘었대. 그래서 지금은 세계 모든 어린이 5명 중 1~2명이 뚱뚱하다는 거야! 놀라운 일이지. 의사 선생님이나 영양학자는 이유가 뭔지 찾아내려고 많이 노력해 왔어. 그리고 결론을 얻었어. 그건 바로 이런 거야.

뚱뚱한 어린이는 어디가 아파서가 아니라 오히려 너무 편하게 살아서 살이 찐다는 거지. 뚱뚱한 어린이의 98퍼센트가 텔레비전 앞에 오래 앉아 있거나 게임을 하느라고 컴퓨터 앞에 오래 앉아 있다는 거야.

얼마나 오래 앉아 있냐고? 텔레비전만 하더라도 하루에 평균 4시간 앉아 있다고 해. 그러면 이 아이들은 몸을 얼마나 움직일까? 글쎄, 하루에 1시간 반밖에 안 된대. 학교에 가고 오고 할 적에 조금 움직이고, 나머지는 쉬는 시간에 조금 노는 거래. 그게 다야.

게다가 텔레비전을 볼 적에 그냥 보겠니? 기름기 많은 과자나 초콜릿 같은 음식까지 먹으면서 본단 말이야.

도대체 왜 이런 일이 벌어질까? 잘 살펴보면 몇 가지 이유가 있어. 먼저 텔레비전에서 어린이를 꾀는 프로그램이 갈수록 늘고 있다는 점, 다음으로 컴퓨터 게임도 갈수록 많아진다는 점, 또 어른들은 무엇이 아이들 건강에 좋은 음식인지 갈수록 잘 모른다는 점 들이야.

아이들이 떠들면 귀찮으니까 어른들은 아이들이 '바보상자'인 텔레비전 앞에 앉아 마치 최면에 걸린 것처럼 조용히 있는 걸 좋아하지. 아 참, 최면이란 게 뭘까? 그래, 최면이란 눈은 뜨고 있는데 마치 자는 것처럼 되는 거야.

이런 문제를 놓고 많은 학자들이 연구도 하고 책도 펴냈어.

연구 결과가 어땠는지 말해 줄게.

 원래 어린이는 엄청난 상상력을 가지고 있단다. 그래서 어린이가 사는 세계란 어른들이 결코 이해할 수 없는 그런 세계라고 보면 돼. 물론 어른들도 예전엔 어린이였지만 시간이 갈수록 어린이 세계를 잊어버리고 말지.

 무슨 상상력이냐고? 너는 네가 가장 좋아하는 인형에게 말을 걸잖아. 그러면 그 인형은 또 너에게 대답을 하지. 또 너는 판자 같은 걸 덮어 동굴을 만든 다음, 너 말고는 아무도 모르는 요정이나 천사와 함께 엄청난 모험을 하잖아. 네 동생은 푹신푹신한 이불을 갖고 커다란 산을 만든 다음, 장난감 자동차를 타고 그 산을 씩씩하게 넘어가는 놀이도 하지.

바로 이런 것들이 어떻게 해서 텔레비전이 어린이에게 그렇게도 흥미진진한지를 잘 설명해 준단다. 다시 말해서 어린이 프로그램에 나오는 영화나 이야기는 너도 한번쯤 생각해 보았을 법한 그런 내용을 만들어 마치 실제처럼 보여 주는 거지.

예쁜 꽃과 사나운 동물이 서로 이야기를 나누고, 또 기차는 컴컴한 터널 속에서 괴물이 나올까 봐 벌벌 떨기도 하며, 조금 초라하게 생긴 화물차는 짐을 너무 많이 실은 나머지 삐걱거리며 신음 소리를 내곤 하지. 이런 내용은 거의 네가 상상 속에서 한번쯤은 생각해 보았던 것들이기 때문에 더 재미있는 거란다.

물론 한 가지 작은 차이점은 있지. 그건 텔레비전이 너를 '자기'의 상상 속 세계로 끌고 들어가 버린다는 거야. 그래서 너 혼자서 상상의 세계로 들어가 무언가를 만들어 내지 않아도 돼. 왜냐하면 이제는 텔레비전이 모두 다 상상해서 만들어 주니까.

텔레비전 프로그램이 이렇게 재미있다 보니 그게 끝나면 서운하고, 바로 그 다음에 나올 내용이 뭘까 궁금하지. 그런데 그 사이에 아주 다른 프로그램이 시작되어 너는 조금 전에 끝난 프로그램을 더 이상 아쉬워할 틈도 없이 또다른 세계로 끌려가게 되지. 그러다 보니 아까 그 프로그램의 다음 이야기를 굳이 애타게 기다릴 필요가 없게 된 거야.

　이렇게 끝도 없이 이어지는 프로그램에 넋을 빼앗기다 보니 어린이들은 머릿속이 온통 텔레비전 이야기로 꽉 찬단다. 그러니 텔레비전 프로그램에 나오는 것 말고 다른 것을 생각할 틈이 없어.

　이렇게 해서 아이들은 남과는 다른 자기만의 생각이나 상상력을 펼칠 힘이 갈수록 약해지고, 마침내 상상력이 부족하게

되지. 아주 무서운 일이야.

이런 아이들은 텔레비전을 못 보면 심심하다고 아우성을 친단다. 이런 아이들은 이제 자기만의 상상 속 세계에 들어가 자기만의 별난 생각을 만들 줄 모르기 때문에 혼자 힘으로는 아무 놀이도 할 수가 없는 거야.

텔레비전 방송국에서는 이런 걸 걱정하지는 않는 것 같아. 방송국은 어린이 프로그램으로 많은 돈을 벌기 때문이지.

어린이들이 텔레비전을 많이 볼수록 어린이 프로그램의 시청률이 높아지고, 어린이 프로그램 시청률이 높아질수록 자연히 어린이 프로그램 앞뒤로 하는 광고의 방송료도 많이 받을 수 있어.

그러다 보니 방송국에서는 어린이 프로그램이 나올 때마다 사이사이에 되도록 광고 방송을 여러 개 끼워 넣으려고 해. 그래야 방송국이 돈을 많이 벌 수 있거든. 바로 이것도 앞에서 살펴본 어린이 잡지 이야기에서와 같은 원리로 움직이는 거야.

이런 식으로 또다시 돈 먹는 드라큘라가 우리 앞에 등장하는 거지!

드라쿨라에게
속지 않으려면

- 어린이 방송은 여러분의 상상력을 이용해 프로그램을 만들고 돈을 벌려고 합니다. 잘못하면 그런 프로그램이 여러분의 상상력을 송두리째 빼앗아 갈 수도 있어요.

- 그러니 텔레비전을 너무 많이 보지 마세요. 안 그러면 텔레비전 중독에 빠집니다.

- 날마다 텔레비전을 몇 시간씩 보는 어린이들은 상상력을 잃어버리기 쉽습니다. 그렇게 되면 텔레비전 없이는 심심해서 못 견디지요. 결국에는 스스로 놀 줄도 모르게 됩니다.

● 특별히 의미 있고 재미있는 프로그램만 보세요. 그리고 부모님과 함께 언제, 얼마나 자주 그런 프로그램을 볼지 미리 정하는 것이 좋습니다.

● 텔레비전을 보기보다는 친구들을 만나서 함께 놀이를 하세요. 또 부모님에게 함께 뭔가를 하자고 말해요. 여러분은 그럴 권리가 있어요. 친구나 어른들과 함께 보내는 시간은 텔레비전 앞에서 혼자 앉아 시간을 보내는 것과는 비교가 안 될 정도로 아주 소중합니다.

어린이 광고는 **어린이만 노릴까?**

　텔레비전에서 광고 방송과 어린이 프로그램을 따로따로 생각해 본 적이 있니? 구분이 잘 안 되지. 왜 그럴까?

　그건 방송국이 어린이 프로그램 사이사이에 반드시 광고 방송을 내보내기 때문이야. 한 프로그램이 끝나면 곧바로 여러 가지 광고가 잇달아 나오지.

　광고가 끝나고 이따금 짧은 안내 방송이 나와. 흔히 어려운 이웃에게 도움을 주자는 공익 광고 방송이지. 물론 이것은 좋은 목적을 가진 광고야. 하지만 이것도 결국은 광고라고 볼 수밖에 없어.

　바로 이 안내 방송 끝에 방송국 사이트가 나온단다. 사이트에 가입하고 적은 돈이라도 내면 학습 게임도 공짜로 할 수 있지. 결국은 이렇게 해서 3장 '인터넷과 휴대 전화 속 드라큘라'에서의 일들이 줄줄이 엮이는 거야.

그리고 이런 안내 방송의 끝에는 반드시 이런 말도 따라붙지. "이 안내 방송은 누구누구(예를 들면 학생용 가방을 만드는 회사)가 협찬하였습니다."라고. '협찬'이란 게 결국은 돈을 냈다는 거야. 이것도 광고가 아니라고 보기는 어렵지.

그 다음엔 어린이 만화가 나와. 내용에는 커다란 장난감이 사람처럼 살아서 움직이는 장면도 나오고 웃기는 장면도 나와. 만화가 끝나고 나면 또 광고 방송이 나오는데, 그 중엔 좀 전에 본 사람처럼 움직이는 커다란 장난감 광고도 나온단다. 참, 이걸 우연이라고 보기엔 너무나 잘 짜여 있지.

오늘 아침에도 두 시간 동안이나 어린이 프로그램을 보았는데, 사실 모든 프로그램이 어린이를 부추겨 부모님의 호주머니에서 돈을 꺼내 가려는 게 틀림없어. 광고 방송은 모두 다 그래.

독일에서는 방송국에서 특별히 시간을 정해서 꼭 그 시간에만 광고 방송을 하도록 했어. 또 어떤 방송 프로그램은 정해진 시간이 흐르고 난 다음에라야 비로소 중간에 광고 방송도 할 수 있게 했지.

어린이 프로그램은 그렇게 길지 않기 때문에 중간에 두 번쯤 광고 방송이 나갈 수 있어. 그런데도 광고 방송을 하고 싶어하는 회사들이 많기 때문에 방송국은 프로그램 중간에 세 번씩이나 쉬면서 광고를 하려 한다는구나. 그렇게 해서 아이들은 한 프로그램을 보는데 세 차례나 광고 방송을 보아야 하는 거지.

우리나라는 어린이 프로그램이 방송되는 시간에 광고를 몇 편만 내보낸다든가 하는 규정은 없어. 광고 문구의 내용을 심의한다든가 커피 같은 제품을 광고하지 못하게는 하지. 그래서 그런지 어린이만 꼭 집어서 노리는 캐릭터 용품이나 패스트푸드 광고가 넘쳐나니 정말 문제야.

드라큘라에게 속지 않으려면

- 이것만은 확실히 기억하기 바랍니다. 텔레비전 방송국의 어린이 프로그램 사이에 하는 광고는 여러분과 부모님의 호주머니 속 돈을 쏙 빼 가려고 안간힘을 쓴다는 사실 말이에요.

- 부모님을 비롯한 어른들에게 물어서 어떤 방송국과 어떤 프로그램이 어린이들에게 정말 좋은지 한번 알아보세요. 어린이들에게서 그저 돈만 빼앗으려는 그런 방송사와 프로그램은 아예 피해야 합니다.

광고는 어떻게 어린이를 사로잡을까?

　어린이가 가진 상상력이 텔레비전에서는 어떻게 이용되고, 또 어린이 프로그램과 무슨 관계가 있는지 방금 설명했으니까 잘 알겠지?

　광고 방송도 마찬가지란다. 짧게 나오는 어린이 광고 방송에서도 어린이들은 환상의 세계로 빨려 들어가지. 여자 아이라면 귀엽고 예쁜 공주도 될 수 있어. 물론 거기서 나오는 인형을 사야만 그렇게 된다는 거야.

　또 남자 아이라면 멋진 영웅이 될 수도 있어. 역시 광고에서 나오는 날렵한 장난감 자동차를 타고 쏜살같이 경기장을 휙휙 날아갈 때 그렇게 된다는 거고. 아니면 건축가가 될 수도 있어.

광고에는 건축가와 함께 우스꽝스럽게 생긴 배달차가 왔다갔다하기도 하고, 또 재미있게 생긴 레미콘이 바삐 움직이는 흥미진진한 이야기가 나오기도 하지. 네가 앞으로 꼭 훌륭한 건축가가 되고 싶다면 그 장면은 네게 얼마나 멋져 보이겠니?

또 어떤 음료수 회사는 너를 멋진 운동선수로 만든 다음 그 회사가 만든 과일 주스를 마시는 장면을 광고로 내보내겠지. 아니면 너는 이 세상에서 가장 용감한 선장이 될 수도 있어. 물론 그렇게 되려면 너는 광고에 나오는 어떤 호두 초콜릿 크림을 빵에 발라 먹으면서 먼 바다를 물끄러미 바라보아야겠지.

물론 광고 방송이 너에게 직접 뭐라고 말하는 법은 없어. "어서 나가서 우리 회사 물건을 사세요!"라고 말하진 않는단 말이야. 그 회사들은 네가 그 자리에서 텔레비전을 끄고 엄마에게 돈을 달라고 해서 가까운 가게로 달려가지는 않을 것이라는 걸 잘 알고 있지.

우리가 찾아내려는 드라큘라들은 그보다 훨씬 더 약아. 녀석들은 아이들을 환상의 세계로 끌어들인단다. 그래서 아이들이 어릴 적부터 꿈꾸어 온 것을 마치 실제로 경험하는 것처럼 만들지. 거기서 아이들은 영웅이 되는 거야. 물론 그런 주인공이 되려면 나중에라도 광고에 나오는 어떤 물건을 사든지 해야지. 이게 바로 광고가 노리는 거란다.

이런 광고는 엄청난 힘을 가지고 있어. 그건 곧장 네 생각 속으로 깊이 들어가 네가 몇 주일이고 몇 달이고 그것을 잊지 못하게 만들지. 그 물건을 팔려는 회사로서는 그것만으로도 좋아한단다.

물건이 금방 안 팔릴 수도 있어. 물건이 팔리는 데 오래 걸릴 수도 있다는 거야. 때로는 네가 부모님을 설득해서 마침내 그 물건을 사는 데 몇 주일이 걸릴 수도 있지. 아니면 크리스마스나 네 생일이 될 때까지 기다려야만 할 수도 있어.

그런데 정말 안타까운 일은 네가 그 물건을 사려고 그렇게

기다리는 동안, 네가 정작 사야 할 것이 무엇인지 잊어버린다는 거야. 그래서 저 텔레비전 드라큘라들이 고약하다는 거지!

 어떤 광고 하나가 방송에 나오려면 그 전에 몇 가지 시험을 해야 한단다. 하나의 상품을 광고하기 위해 여러 개의 광고 방송을 찍어 놓지.

 그래 가지고는 몇몇 어린이들을 데려다가 여러 가지 광고를 보게 한 다음 어느 것이 가장 마음에 드는지, 왜 마음에 드는지 물어본단다. 그래서 어린이들이 가장 좋아하는 것으로 결정하는 거야. 그런 뒤에 어린이들이 고른 것을 좀더 잘 다듬어 방송에 내보낸단다.

 이런 시험을 거치면서 흥미로운 사실을 하나 발견할 수 있는데, 그것은 여자 아이들과 남자 아이들의 생각이 서로 다르다는 거야. 여자 아이들과 남자 아이들이 각자 서로 다른 물건을 좋아한다는 거지. 이게 태어날 때부터 그런 건지 아니면 살면서 그렇게 만들어지는 건지는 분명하지 않아. 둘 다 맞을 수도 있지.

 예를 들면 여자 아이들은 인형을 갖고 놀기를 좋아하고, 남자 아이들은 거의 자동차를 갖고 놀기를 좋아하지. 여자 아이들은 또 둥근 모양의 것을 좋아하는 편이고, 색깔도 붉은 계통을 좋아해. 반대로 남자 아이들은 뾰족하고 각이 많은 모양을 좋아하고, 색깔도 푸른 계통을 더 좋아하지. 또 여자 아이들은 아기자기하고 조용한 게임을 좋아하는데, 남자 아이들은 좀더 공격적인데다가 속도가 있는 걸 좋아한단다.

이 모든 게 엉터리일까? 아니야, 결코 엉터리가 아니란다. 광고 심리학자들이 수십 년 동안 이런 것만 연구를 해 왔거든. 이런 연구 결과는 두말할 나위 없이 광고 방송을 개발하는 데 흘러 들어가지.

예를 들면 여자 아이들 대상의 광고 방송에서는 화면이 조용하고 모든 게 조화로우며 설명도 차분하단다. 또 뭔가 반짝거리고 불꽃이 튀기도 하며 장식이 많이 나오기도 하지. 그리고 붉은색이나 분홍색이 많이 나오고, 여러 장면이 자꾸 바뀌기보다는 한 장면이라도 조용하게 나온단다.

이와 달리 남자 아이들 대상의 광고는 장면이 자주 바뀌지. 한 장면이 대개는 1초도 안 된단다!

만일 어떤 장난감 자동차를 광고하는 방송이 나온다고 치자. 먼저 자동차는 귀를 먹게 할 정도로 엄청난 소리를 내면서, 또 숨이 막힐 정도로 속도를 내면서 결승점으로 돌진하지. 이 광고에서는 장면마다 자동차를 앞에서 보여 주고, 뒤나 옆에서, 또 위와 아래에서 요란하게 보여 준단다. 이런 걸 여자 애들은 별로 좋아하지 않아!

　반대로 남자 애들은 반짝이는 여자 인형 같은 것이 광고에 나오면 고개를 돌려. 텔레비전 광고를 만드는 회사는 이런 점을 아주 잘 알고 있지. 그래서 여자 아이들 대상의 광고에서는 절대로 천둥 번개 소리 같은 게 나오지 않고, 남자 아이들 대상의 광고에선 절대 장밋빛으로 반짝이는 법이 없지. 남자 아이들이 인형을 갖고 놀고 여자 아이들이 자동차를 갖고 노는 장면을 보기 어려운 것도 다 그런 까닭이란다.
　그런데 광고에 나오는 장난감을 사려는 네 꿈이 어느 날 실제로 이뤄졌다면, 그걸 사자마자 안타깝게도 큰 실망이 뒤따른단다. 아까 그 멋진 장난감 자동차를 남자 애들이 사 보면, 실제로는 아주 작다는 사실에 놀랄 거야. 광고에서야 엄청 크게 나왔지만 말이야!

여자 아이들이 좋아하는 인형은 어떨까? 그 인형은 두꺼운 종이 상자에 싸여 있는데, 아마도 이런 겉포장이 인형 크기보다 몇 배나 클걸. 이렇게 포장만 크고 멋있게 만들어서, 마치 대단히 값어치 있는 것처럼 보이게 하는 거지. 그래서 아이들이 비싼 돈을 주고 사더라도 잘 산 것처럼 보이게 만들려는 거야.

하지만 네가 포장지를 모두 뜯고 그 벌거벗은 인형을 손에 들고 가만히 보면 조금 불쌍해 보일 거야. 그리고 뭔가 빠진 것 같고 말이야. 맞아, 인형을 예쁘게 꾸미려면 머리에 예쁜 왕관을 씌우고, 멋진 옷도 따로 사서 입혀야지. 게다가 그 인형이 광고 안에서 살고 있던 그 성까지 마련해 주려면 어마어마한 돈이 들어가지. 마치 진짜 성을 하나 사는 것처럼 말이야.

그러면 무엇이 가장 좋은 걸까? 그래, 네가 직접 만든 판자 속의 동굴로 들어가렴. 아마 아직도 거기에 그대로 있을 거야. 그리고는 이렇게 생각해 봐. 네가 정말 갖고 싶었던 것은 바로 그 판자 속 동굴이라고 말이야. 왜냐하면 바로 그 곳에서 가장 멋진 모험이 기다리고 있을 테니까!

드라큘라에게
속지 않으려면

- 어린이 광고 방송은 여러분이 어린 시절에 가질 수 있는 꿈과 상상을 이용해서 여러분을 유혹합니다.

- 이런 광고는 여러분의 정신과 마음속 깊숙이 뚫고 들어가 광고에 나오는 상품을 절대로 잊지 못하게 만듭니다.

- 나중에 실망하고 후회하지 않으려면 이렇게 하세요. 정말 그 상품이 광고에 나온 것처럼 멋있고 대단한 것인지 잘 살펴보세요. 만약 아니라면 곧바로 그걸 진열장에 내려놓고 광고 드라큘라를 호되게 나무라세요.

# 나도 스타가 되고 싶어!

　네가 사춘기를 맞이했다면 이제는 텔레비전에서 재미있는 만화 같은 게 나와도 별로 관심이 가지 않을 거야. 적어도 예전만큼은 빠지지 않겠지.

　그렇다고 아무것도 볼 게 없을까? 아니지. 음악 채널을 틀면 뮤직비디오 같은 것이 나오기도 하지. 응, 그래. 이제는 그런 것을 확실히 더 좋아할 나이가 된 것 같군. 거기에 나오는 사회자도 너보다 겨우 몇 살 더 많은 사람이고. 그러니 너만한 아이가 뭘 재미있어 하는지 잘 알지.

　그게 뭘까? 그래, 바로 그거야. 네가 좋아하는 스타들과 관련된 거라면 모두 재미있지.

네가 가장 좋아하는 가수가 있다고 치자. 도대체 무엇이 그 가수를 인기 만점으로 만들까? 그래, 당연히 그 멋진 목소리겠지. 아니면 빙그레 웃는 모습만으로도 매력적일 수 있지. 또 머리 모양이 조금 웃기게 생겨서 그게 매력일 수도 있고, 아니면 몸에 새긴 문신이 끝내 줄 수도 있어. 입고 있는 까만 옷도 진짜 멋지게 느껴질 수 있지. 솔직히 말하면, 너도 그 가수처럼 멋지게 보이고 싶지?

세상 사람들 절반쯤은 그런 스타를 부러워해. 비록 네 목소리는 그 가수만큼 멋지지는 않지만, 너도 문신 같은 것 하나 정도야 멋지게 새길 수 있고, 머리에 젤도 발라 제법 멋을 부릴 수도 있어. 물론 그에 잘 어울리는 옷도 하나 걸치고 말이야.

자, 이런 걸 조금 어려운 말로 '동일시'라고 해. 다시 말하면 네가 스타처럼 되고 싶어하는 마음을 "네가 스타랑 동일시한다."고 말하는 거야. 그 가수와 비슷한 옷을 걸치고 싶고, 그 가수가 가진 물건과 똑같은 걸 갖고 싶은 마음이지.

네가 가장 좋아하는 가수가 A회사에서 나온 청바지를 입고 있다면, 너도 바로 그 회사 청바지를 입고 싶어한다는 거야. 물론 그 청바지를 입은 가수의 모습이 꽤 멋있어 보이니까 너도 더욱 그런 마음이 생기는 거겠지.

그 가수가 쓰는 휴대 전화가 Z회사 것이라면, 너도 당연히

그 회사 제품을 쓰고 싶을 거야. 그 회사의 휴대 전화가 조금 비싸더라도 말이야. 그러니 그 가수처럼 멋지게 하고 다니려면 돈이 꽤나 들걸!

또 네가 진짜 좋아하는 랩 가수가 B상표 운동화를 신고 있다면, 너도 당연히 싸구려 운동화가 아니라 B상표 운동화를 갖고 싶겠지?

아하, 그렇군. 이제는 드라큘라가 슈퍼스타의 옷을 입고 등장했구나!

상품을 만들어 파는 회사나 광고 회사는 바로 이런 '동일시'

가 가진 엄청난 힘을 잘 알고 있어. 또 그렇게 해서 큰돈을 벌어들일 수 있다는 것도 잘 알지. 그러니까 회사는 스타들에게 엄청난 돈을 주면서 자기 회사 상품을 써 달라고 하는 거야. 그래서 회사와 스타 사이에는 광고 계약이 맺어진단다.

계약이 한번 맺어지면 그 랩 가수는 B상표 운동화만 신어야 해. 적어도 텔레비전에 나올 때에는 꼭 그걸 신어야 한다는 말이지. 또 몸매가 멋진 여자 가수는 A회사에서 나온 청바지 말고는 입을 수가 없어. 이렇게 해서 회사들은 자기네 상표를 마치 우상처럼 떠받들게 만드는 거야.

어떤 슈퍼스타가 유명해지면, 그 스타가 입은 옷도 덩달아 유명해지는 거란다. 그렇게 되면 그 옷도 날개 돋친 듯이 잘 팔리지. 새로운 광고 계약이 맺어져 또다른 물건이 새로운 우상숭배 상품이 되어 등장할 때까지 말이야.

혹시 네가 이렇게 생각하는 건 아닌지 모르겠다. 내가 네 마음속에 있는 슈퍼스타를 좋아하는 기쁨을 빼앗아 가려고 그러는 것이라고 말이야. 그건 절대 아니야! 나한테도 사실은 무척 좋아하는 가수도 있고 연극배우도 있어. 나도 때로는 그런 사람들처럼 되고 싶을 때가 있단다. 그 정도까지는 괜찮은 거지, 누가 뭐랄 수 없는 거 아냐?

그런데 이것만은 꼭 기억해야 해. 슈퍼스타들이 모범으로 여겨지고, 모든 사람들이 슈퍼스타를 흉내내려고 안간힘을 쓰는 게 문제란다. 그래서 스타들이 쓰는 물건을 있는 대로 다 사려는 거야. 이게 정말 문제지.

하지만 슈퍼스타들은 모두 많은 돈을 갖고 있어. 스타들은 여러 회사에서 그런 비싼 물건을 공짜로 주지 않는다 해도 자기 돈으로 얼마든지 살 수 있단다. 너는 한 푼 두 푼 모은 그 소중한 쌈짓돈을 다 써 버려야 하잖아. 굳이 그런 물건이 필요가 없는데도 말이야.

물론 A회사에서 나온 청바지는 확실히 멋져. 그러나 다른 것도 사실은 멋진 게 많지. 또 그 비싼 가격표가 붙은 휴대 전화도 세상에 그것 하나만 있는 건 아니야. 게다가 그 가수를 그렇게도 멋지게 보이도록 만든 것도 실은 그 옷 때문이 아니란다. 만일 네가 다른 상표 옷을 입더라도 너도 역시 멋지게 보일 거야. 바로 '너'가 그 옷 속에 있다는 것, 이게 중요한 것이거든.

너는 이 세상에 둘도 없는 아주 특별하고 소중한 인격체란다. 다른 사람들이 너를 좋아하고 안 하고는, 절대로 네가 가진 물건이 얼마나 비싼가에 달린 게 아니야!

드라큘라에게 속지 않으려면

- 물건을 많이 팔려는 회사는 흔히 잘 알려진 스타를 광고의 주인공으로 삼아요. 그렇게 해서 그 회사 상품은 마치 스타의 애장품처럼 된답니다. 일단 그 상품이 스타의 애장품으로 알려지면, 사람들은 스타처럼 되고 싶어 너나할것없이 그 상품을 가지려고 앞다투지요.

- 우리가 스타처럼 되고 싶어하는 바로 그 마음을 회사들은 돈벌이로 실컷 이용해 먹는답니다.

- 비싼 가격표가 붙은 물건을 가진다고 해서 완벽한 사람이 될 수 있다고 꼬드기는 광고에 절대 넘어가지 마세요. 비싼 물건을 가져야만 친구들이 우러러보고 인정해 준다면, 아마도 그 친구들은 그렇게 좋은 친구는 아닐 겁니다.

 6장

패스트푸드 음식점에 있는 드라큘라

패스트푸드 음식점들은 예전에 어마어마한 돈을 벌었단다. 사실은 지금도 그렇지만 말이야. 그러니 광고 드라큘라도 가장 멋진 놈으로 일일이 신경 써서 키워 내겠지. 그럼 도대체 패스트푸드 음식점에 사는 드라큘라들은 어떻게 생긴 녀석들인지 어디 한번 볼까?

가장 멋진 드라큘라만 사는
패스트푸드 음식점

너도 패스트푸드 음식점에 자주 가니? 아마 그럴 거야. 거기서 네가 잘 사 먹는 햄버거는 지방질이 꽤 많은 대신, 몸에 좋은 비타민 같은 건 별로 없단다. 그런데도 참 이상하지? 그런 게 맛은 제법 좋단 말이야.

세계에서 가장 큰 패스트푸드 체인점이 독일 한 나라에서만도 한 해 동안 자그마치 7억 개나 되는 햄버거를 팔고 있다고 해. 독일 사람들은 누구나 한 해 동안 햄버거를 8개 이상이나 먹는 셈이래.

여기서 햄버거를 먹지도 못하는 아기들을 빼고 나면, 또 그런 음식이 몸에 안 좋은 줄 알고 아예 손도 대지 않는 사람들을 다 빼고 나면, 패스트푸드 음식점에 가는 사람들만 생각할 때 한 사람이 먹는 햄버거의 양은 엄청난 거야. 아주 많은 사람들이 날마다 거기서 끼니를 때운다는 거지. 그러니 이런 회사들이 세계에서 가장 큰 기업이 될 수밖에 없어.

우리나라는 요즘 패스트푸드의 해로운 점이 많이 알려져서인지 예전처럼 잘 팔리지는 않는다고 해. 그래도 어린이나 청소년, 그리고 젊은이들이 많이 모이는 곳에는 패스트푸드 음식점이 꼭 있고, 먹는 사람도 꽤 많더구나.

예전보다는 덜 팔리니까 특별 행사를 하기도 해. 예를 들면 햄버거를 한꺼번에 2개 사거나 아침 일찍 사면 깎아 준다든지 말이야. 게다가 어떤 패스트푸드 체인점은 24시간 문을 열기도 해. 어떻게 해서든 살아남으려고 애쓰는 거지.

이런 회사들은 예전에 어마어마한 돈을 벌었단다. 사실은 지금도 그렇지만 말이야. 그러니 광고 드라큘라도 가장 멋진 놈으로 일일이 신경 써서 키워 내겠지. 그럼 도대체 이 드라큘라들은 어떻게 생긴 녀석들인지 어디 한번 자세히 볼까?

어린이를 잡아라!

　조금 어려운 말이지만 광고 용어로 자주 쓰는 말이 하나 있단다. '상표 각인'이라는 말이지.

　여기서 상표란 어떤 회사가 자기네 상품을 다른 회사에서 만드는 상품과 구별하려고 쓰는 기호나 문자, 또는 도형 같은 것이야. 각인은 도장을 새긴다는 뜻이고. 그러니 상표 각인이란, 광고로 어떤 회사의 상품 이름을 우리 머릿속에 확실히 새겨 넣는다는 말이지. 우리가 절대로 그 상표를 잊어먹지 않도록 말이다.

　패스트푸드 음식점이 바로 이런 상표 각인을 처음부터 확실히 해내는 데는 일등이란다. 이런 회사는 네가 아주 어릴 때부터 자기네 회사 이름을 네 머릿속에 뚜렷이 새기도록 하려고 온갖 수단을 다 쓰지. 또 자기네가 팔고 싶은 상품의 이름을 아이들이 똑똑히 기억하도록 온갖 꾀를 다 짜낸단다.

자, 어디 한번 물어 볼까? 네가 햄버거를 사 먹을 수 있는 패스트푸드 음식점에는 어떤 것들이 있니? 그래그래, 그런 것들이지. 축하해! 시험에 합격했군. 그런 음식점들이 도대체 어떻게 해서 자기네 이름을 우리 머릿속에 깊이 새겨 넣을까?

가장 중요한 건, 음식이 아주 맛있어야 한다는 거야. 그래서 새로운 햄버거를 만들면 사람들에게 팔기 전에 많은 시험을 거친단다. 여기서 시험이란 맛 테스트 같은 것이지. 그래서 맛을 본 사람들이 모두 새로운 햄버거가 맛있다고 하면 비로소 일반 사람들에게 피는 거야.

그리고 햄버거를 많이 팔기 위해 사람들의 입맛을 돋울 수 있는 몇 가지 잔꾀를 내지. 햄버거 빵 위에 참깨를 조금 올려놓거나 작은 오이 피클 조각 같은 걸 넣는 거야. 그런 것들이 뱃속에 들어가면 위를 자극해서 네 배가 자꾸만 먹을 것을 더 넣어 달라고 해. 그러면 성공!

독일 같은 나라만 해도 아까 말한 것처럼 한 해 동안 햄버거를 지그마치 7억 개씩이나 판다고 했지. 그 많은 걸 팔려면 패스트푸드 음식점들은 아주 어린 아이들부터 나이 많은 사람에

이르기까지 죄다 손님으로 붙잡아야 해. 안 그러면 도저히 그렇게 많은 빵을 팔 수 없지. 그 때문에 패스트푸드 음식점 안은 온통 '어린이가 좋아하도록' 꾸며진단다.

어른들도 아이들과 함께 패스트푸드 음식점을 자주 찾아가지. 그 곳에 가면 좋은 점이 많거든. 그게 뭘까? 그래, 거기에 가면 어른들은 아이들에게 식탁에서는 예절이 어때야 한다는 둥, 흘리지 말라는 둥, 조용히 앉아서 먹으라는 둥, 이런 말을 안 해도 돼.

네가 햄버거 안에 든 소스를 탁자 위에 흘려도 신경 쓸 일이 없지. 음식점 직원들이 잽싸게 뛰어와서 깨끗이 치워 주니까. 탁자에 고급스런 천 같은 것이 씌워져 있는 것도 아니니 흘린 건 그냥 행주로 닦아 버리면 돼. 음료수 잔이 넘어진다 해도 아무 걱정할 게 없어. 유리잔도 아니니 깨진 쪼가리 같은 게 생기지도 않지. 모두 종이 컵이거나 플라스틱 컵이거든.

게다가 음식을 다 먹고 난 뒤 다른 식당에서처럼 얌전하게 앉아 있지 않아도 돼. 패스트푸드 음식점에서 만들어 놓은 놀이방에 가서 미끄럼틀 같은 것을 타면서 놀 수 있으니까.

그뿐만이 아니야. 패스트푸드 음식점에서 생일 파티도 열 수 있다는 사실! 거기서 생일 파티를 하면 생일을 맞은 아이는 작고 깜찍한 모자를 하나 얻지. 친구들은 마음껏 먹을 수 있고. 게

다가 달고 시원한 음료수도 실컷 마실 수 있어. 이리저리 돌아다녀도 아무도 조용히 앉아 있으라고 꾸짖지도 않아.

　파티가 끝나면 음식점 주인이 또 작은 선물을 주기도 해. 얼마나 기분 좋은 날인지 몰라! 그러니 파티에 왔던 아이들은 모두 그 날을 오래오래 기억하겠지. 학교에 가서 다른 아이들에게 그 패스트푸드 음식점에서 했던 생일 파티가 얼마나 좋았는지, 그리고 뭘 먹었는지 얘기하며 자랑도 할 테고. 그러니 아이들은 모두 또 거기에 가고 싶겠지.

　아주 어릴 적부터 일찌감치 그 회사 상표를 확실히 기억하게 만드는 것, 이런 게 바로 '조기 상표 각인'이란 것이야.

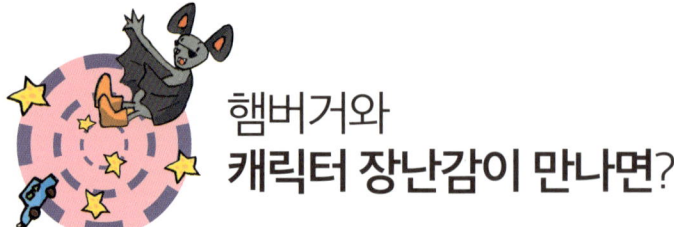

햄버거와 캐릭터 장난감이 만나면?

 '곁다리 장사'라는 말이 있어. 어떤 회사가 원래 하는 장사 말고 곁다리로 하는 장사라는 말이지. 패스트푸드 음식점도 곁다리 장사를 잘 해.

 예를 들면 그런 가게에서는 특별히 '어린이 세트 메뉴'라는 것을 만들어 팔면서 장난감을 덤으로 얹어 주지. 아이들은 누구나 장난감을 좋아하거든. 그러니 아이들이 장난감을 공짜로 얻는 맛에 '어린이 세트 메뉴'를 많이 사 먹는단다. 그것만 해도 패스트푸드 음식점은 엄청난 수입을 올리게 되지.

 그런데 패스트푸드 음식점은, 앞에서 우리가 보았던 어린이 잡지처럼 많은 회사들과 손을 잡고 한통속으로 돈을 번단다.

그 회사 가운데 대표적인 것이 영화 회사야. '어린이 세트 메뉴'를 먹을 때 공짜로 주는 장난감은 거의 최신 영화의 주인공을 작고 귀엽게 캐릭터로 만든 것들이지. 그런 주인공만 해도 여럿이잖아. 그러니 그 주인공들을 모두 가지고 싶은 마음에 자꾸 '어린이 세트 메뉴'를 먹으러 가게 되지.

물론 그런 장난감을 덤으로 주는 것은 영화 회사가 아이들에게 광고를 하려는 거야. 영화 속 주인공 장난감을 갖고 놀다 보면 언젠가는 주인공의 모습을 커다란 화면으로 보고 싶은 마음이 생기는 법이거든. 바로 이걸 노리는 거야.

그래서 패스트푸드 음식점에는 아이들이 공짜로 갖고 가도록 영화 안내서도 가지런히 놓여 있지. 그런 안내서를 자꾸 들여다보면 당연히 그 영화가 보고 싶어진단 말이야. 그러면 주말에 그 영화를 보러 가기가 쉽겠지? 아마도 그럴 거야.

하지만 이걸로 모든 게 끝나는 것도 아니야. 패스트푸드 음식점에서는 온갖 행운권을 나눠 주고 추첨을 한단다. 너도 당첨되어 큰 상을 받을 수 있어. 그런 게 무얼 뜻하는지는 우리가 이미 '인터넷과 휴대 전화 속 드라큘라'에서 배워 알고 있지?

또 가끔 가다가 어린이들에게 운동을 하도록 부추기기도 해. 물론 운동은 재미도 있고 몸에도 좋은 것이지. 특히 남자 아이들은 축구를 좋아하잖아. 패스트푸드 음식점도 이런 걸 잘 알고, 아이들에게 축구 캠프 같은 데 가서 진짜 축구선수들한테 축구를 배울 수 있는 프로그램까지 만들어 주기도 해.

마침내 꿈이 이루어지는 것이지. 얼마나 신나는 일일까? 이런 행사는 으레 인터넷으로 신청을 하라고 하지. 그러면 인터넷에 아이들이 몰려들겠지. 이런, 벌써 또…….

이런 행사는 두말할 것 없이 어떤 회사와 함께 벌인단다. 그러니 아이들이 축구 캠프에 가려면 그 회사 이름도 저절로 머릿속에 새겨지지. 저절로 그렇게 되는 거야. 그러니 그 이름을 잊어버릴 수 없단다. 그래서 축구 캠프 행사는 또 그 회사 '이미지'를 높이는 데 도움이 되지. '이미지'란 사람들이 머릿속에 그리는 모습을 말한단다. 어떻게 해서 그럴까?

가만 생각해 봐. 원래 패스트푸드는 사람들을 뚱뚱하게 만든단다. 모두가 아는 사실이지. 그런데 네가 어떤 햄버거 회사로부터 운동을 열심히 하라는 말을 들으면, 너는 아마도 그 회사가 사람들의 건강을 정말 걱정하고 있다고 생각할 거야.

대단히 웃기는 일이지! 사실은 그런 것들이 뭔가 진실을 가리는 역할을 하는 것이란다. 그 진실이란 게 뭘까? 그렇지. 그건, 네가 햄버거 같은 패스트푸드를 너무 많이 먹으면 돼지같이 뚱뚱해진다는 사실이야.

물론 패스트푸드 체인점들은 또 수백만 명을 상대로 장사를 할 수 있는 축구 경기에 열심히 끼어들지. 예를 들면, 그 회사들은 굉장한 축구 경기가 벌어질 때 '공식 파트너'라는 이름을 달고 나타난단다.

그런 이름은 그 회사를 멋지게 보이게도 하고 중요하게 보이게도 하지. 그러나 사실은 그런 말이 뭘 뜻할까? 그래, 그건 그 축구 경기장이 온통 그 패스트푸드 광고로 뒤덮이는 걸 말하는 것이지.

학교에 있는 드라큘라

학교에도 드라큘라가 있다고? 거, 이상하다. 도대체 그 녀석들이 학교에서 뭘 한다는 거지? 학교는 우리가 뭔가를 배우는 곳인데 말이야.

그런데 잘 보면 학교에도 광고 드라큘라들이 살금살금 기어 들어온단다. 원래 광고 회사의 목표는 사람들이 모이는 곳이면 어디에서든 광고 내용을 기억하도록 만드는 것이지. 그러니 어릴 때 광고를 만날수록 훨씬 더 효과가 좋다는 거야. 또 되도록 아침부터 저녁까지 하루 종일 광고를 해야 효과가 만점이지. 그런 점에서 광고 드라큘라를 유치원과 학교에 집어넣는 것이 가장 좋을 거야.

짠, 나도 광고 드라큘라!

 아이들은 학교에서 공부만 하는 건 아니야. 수업 사이에 쉬는 시간이 있어서 국어, 영어, 수학 따위를 공부하다가 조금 쉬기도 하지. 이 때 아이들은 실컷 수다를 떨기도 하고, 공놀이를 하기도 해. 이렇게 모두 한바탕 쉬는 거야.

 쉬는 시간엔 뭔가 새로운 것을 친구들에게 자랑하기도 좋지. 예를 들면 새로 산 휴대 전화, 멋진 티셔츠, 유명 메이커 상표가 붙은 새 신발, 그리고 가방까지도 슬쩍 자랑할 수 있어. 때때로 캐릭터 딱지를 부모님의 눈을 피해 통에 한가득 담아 와서 친구들 앞에 내놓고 자랑하기도 하지.

 학교야 본디 배우는 곳이지만 거기서 아이들은 은근히 자신의 '지위 상징'을 자랑할 수도 있단다. 이 '지위 상징'이란 게 뭔지는 3장 '인터넷과 휴대 전화 속 드라큘라'에서 이미 배웠지? 친구들은 뭔가 값비싸고 신기해 보이는 것이라면 모두 부러운 눈으로 바라봐. 너도 마찬가지일 거야.

만약 네 짝꿍이 아주 빠르고 힘차게 달리는 최신형 장난감 자동차를 갖고 있다면 너는 샘이 조금 날 거야. 짝꿍은 네 속도 모르고 침을 튀기며 그걸 갖고 뭐든지 할 수 있다고 자랑을 늘어놓겠지. 너도 그걸 무척 갖고 싶지? 이런 걸 두고 어른들은 "욕망을 부채질한다."고 말해.

텔레비전이나 잡지, 인터넷 같은 데서 보는 광고는 사람들에게 어떤 물건을 꼭 갖고 싶은 마음이 들도록 부채질한단다. 그런데 일단 네가 그 물건을 사면, 이제부터는 너도 광고 드라큘라가 된단다. 너도 모르는 사이에 말이야.

너는 친구들 앞에서 그 물건을 자랑삼아 이야기하면서 자기도 모르게 광고를 하는 거야. 그러다 보면 네 친구들도 그 물건이 갖고 싶어질 테고, 집에 돌아가 부모님을 졸라 대겠지.

그래 잘 했다, 머리 좋은 드라큘라야!

# 코 묻은 돈도 모이면 **수천억 원!**

넌 돈을 어떻게 쓰니? 아이들은 흔히 부모님한테 용돈을 타서 쓰지. 가끔 할머니나 할아버지가 귀엽다며 용돈을 주시기도 하지. 또 드물기는 하지만 너 스스로 아르바이트라도 해서 돈을 벌 수 있을 거야. 얼마 안 되지만 말이야. 이 돈이 한꺼번에 생긴다면 얼마나 좋을까!

그래도 비싼 물건을 사려면 이런 돈을 다 모아도 안 될 거야. 그럴 때는 부모님에게 도와 달라고 부탁해야지. 그렇지만 네가 사려는 것은 거의 네 용돈으로도 살 수 있단다. 적은 돈으로 살 수 있는 것도 정말 많아.

자, 그런데 한번 물어보자. 네가 아직 어리니까 부모님 허락

없이 뭘 사고파는 일을 할 수 있을까 없을까? 그래, 맞아. 할 수 있어. 법에서는 미성년자들도 용돈의 범위 안에서 자유롭게 사고팔 수 있게 하고 있어.

어린이나 청소년도 액수가 크지 않다면, 어른 허락 없이 돈을 주고 물건을 사고팔 수 있다는 거지. 네가 자주 사 먹는 사탕이나 만화책, 작은 장난감, 학교 매점에서 파는 과자 한 봉지 따위가 그런 것이야.

이런 것들은 몇천 원밖에 안 되니까 괜찮다는 거지. 그런데 얼마 안 되는 돈이지만 나라 전체로 치면 아주 큰돈이 된단다. 어린이나 청소년들이 한 해에 쓰는 돈만 해도 수천억 원이 넘어. 어마어마한 숫자 아니니?

바로 이런 사실을 기업가와 광고 회사들은 잘 알고 있어. 그러니 이런 사람들이 아이들 호주머니에 든 돈을 빼내려고 온갖 꾀를 짜내는 거란다. 이제는 학교 안에서조차 말이야.

학교 마케팅은 **누워서 떡 먹기**

학교 마케팅? 이게 또 무슨 말일까? 이것도 광고 일을 하는 사람들이 흔히 쓰는 말이지. '마케팅'이란 말은 원래 영어야. 굳이 우리말로 옮기면 '장사하는 것'을 말한단다.

그러면 '학교 마케팅'이란 무엇일까? 당연히 학교에서 장사하는 것, 그리고 학교에서 광고하는 것을 말하지. 학교 마케팅은 우리나라에는 아직 없지만 미국이나 독일 같은 다른 나라에서는 법으로 허용하고 있단다.

그래서 오로지 학교 마케팅만 하는 광고 회사가 따로 있어. 학교는 그런 회사에게 광고를 하도록 허락해 주는 대신 그 회사로부터 돈을 받는단다. 그러면 그 광고 회사는 학교 안에 들어와 복도나 교실, 강당에서 광고를 할 수 있어. 왜 그렇게 할까? 까닭이야 간단하지. 앞서 보았듯이 학교 마케팅의 목표 집단은 너를 비롯한 학생들이야.

여기서 '목표 집단'이란 어떤 상품을 팔기 위해 회사가 좀 더 힘을 실어서 광고하는 대상을 말하지. 어느 나라나 학생 집단이 매우 크기 때문에 회사들은 눈독을 들인단다. 독일만 해도 초중고 학생들이 자그마치 1천 3백만 명이나 된단다. 이것은 독일의 수도인 베를린 인구의 4배나 되는 엄청난 숫자야. 우리나라도 초중고 학생이 적어도 7백만 명은 될걸.

그러니 학생 집단은 학교 마케팅을 통해서 물건을 사도록 꾀기 쉽단다. 만약 학생들이 사 준다면 그 회사는 돈을 많이 벌겠지. 또 그 회사는 그 돈으로 광고 드라큘라를 만드는 회사, 다시 말해 광고 회사를 먹여 살리겠지. 광고 회사는 받은 돈에서 얼마를 떼어 학교에 주겠지. 학교가 광고할 곳을 빌려 주었으니까 말이야.

매점에는 공짜로 가져갈 수 있는 재밌는 카드들이 놓여 있어. 그 중에는 제법 멋있는 것도 있어서 편지를 쓰고 우표를 붙여서 누군가에게 부치기도 하지. 그런데 가만히 보면 이런 카드에는 어떤 회사 이름이나 그 회사가 만든 상품이 사진으로 박혀 있어. 물론 아주 조그맣게 말이지만. 그래도 그런 게 있다는 것 자체가 이미…….

 어떤 회사는 학교 강당 같은 곳에다 커다란 현수막을 걸어 놓기도 하지. 어떤 문구 회사가 걸어 놓은 것인데, 현수막에는 '신학기 학용품 할인 대축제'라고 씌어 있더구나. 그리고는 연필과 지우개, 공책 같은 문구류 한 세트를 9900원에 싸게 판다고 하더군.

 아하, 여기서 또 그 놀라운 숫자 9가 두 번이나 나오는군. 현

수막 옆에는 안내장이 담긴 통이 하나 놓여 있어. 안내장에는 사람들이 필기도구나 공책 같은 것을 한꺼번에 세트로 사면 얼마나 절약할 수 있는지 친절히 설명해 놓았더라. 절약한다는 것, 그거야 아주 좋은 일이지! 그렇지만 그걸 사려면 일단은 한꺼번에 많은 돈을 내야 해.

그런데 이렇게 한번 생각해 볼 수도 있단다. 한 반에서 연필 다섯 세트를 한꺼번에 산다면 연필 한 자루의 값이 더욱 싸지겠지. 열 세트를 사면 더 싸질 것이고. 그렇게 한꺼번에 많이 산다면 더욱 싸지겠지? 그러니 어떻게 하는 게 가장 좋을까?

먼저 선생님 한 분이 아이들한테 주문을 받는 거야. 그래서 모두 몇 세트를 사야 하는지 계산하는 거야. 그 다음에는 그만큼을 한꺼번에 살 때 얼마를 내야 하는지 계산해야지. 마지막으로, 주문한 아이들 수만큼 나눠 한 사람이 얼마를 내야 하는지 따져 보는 거야. 그렇게 아이들로부터 조금씩 돈을 거둬 사는 거지. 그렇게 하면 모든 아이들이 아주 싸게 살 수 있겠지.

하여간 그렇게 하더라도 그 문구 회사야 많이만 팔면 돈을 벌 수 있지. 학교 안에다 현수막을 큼직하게 걸어 놓기만 해도 그런 장사가 된다는 거야. 특히 선생님들이 모두 조사해서 주문까지 해 주니 일부러 직원을 쓸 필요도 없지.

그렇게 수백만 명의 학생들로부터 누워서 떡 먹기로 돈을 벌

어들이는 거야.

그것보다 더 심한 일도 있어. 어느 비스킷 회사가 학생들에게 '비스킷 먹기 대회'에 참여하라고 했단다. 학생들이 비스킷을 사 먹으면서 비스킷 통 안에 든 표를 모으게 한 거야. 아, 표 모으기! 이건 2장 '슈퍼마켓에 있는 드라큘라'에서 나온 이야기지?

비스킷을 자꾸 사 먹다 보면 표를 많이 모으게 되니까 점수가 높아져서 무슨 특별한 상도 받을 수 있어. 어떤 때에는 그

비스킷 회사가 돈을 내서 한 교실 전체 학생을 며칠 동안 여행을 보내 주기도 한대.

그런데 이런 걸 모든 부모가 다 좋게 본 건 아니란다. 몇몇 현명한 부모들은 그런 식으로 아이들에게 단것을 억지로 먹이는 게 좋지 않다고 여겨 검찰에 고발을 해 버렸대. 이 사건은 실제로 독일에서 있었던 일이지. 결국 부모들이 이겼단다.

법원은 회사가 그런 행사를 못 하게 했어. 왜냐고? 그건 회사가 '어린이와 부모들에게 불법적인 강매 행위를 하는 것'이기 때문이란다. '강매'란 내키지 않는 물건을 억지로 권해서 할 수 없이 사도록 만드는 것이란다. 법원에서는 사람들이 서로 경쟁적으로 물건을 사도록 강매해서는 안 된다고 본 것이지.

어린이를 평생 고객으로 만드는,
학교 후원하기

후원한다는 말은 '뒤에서 도와 준다.'는 뜻이야. 많은 회사들은 어떤 식으로든 학교를 후원하려고 무척 애를 쓰지. 예를 들면 그 회사가 만든 제품을 매우 값싸게 학교에 갖다 주기도 하고, 심하면 아예 공짜로 주기도 해. 학교는 돈이 많지 않기 때문에 단 한 푼이라도 아끼려는 생각으로 이런 기회가 생기면 별 생각 없이 냉큼 받는단다.

내가 아는 어떤 학교에 컴퓨터실이 있는데, 그 안에는 세계적으로 유명한 어떤 회사의 컴퓨터들이 아주 많단다. 모두 다 학교에 공짜로 선물한 것이지. 그렇게도 마음씨가 고울 수가! 사실 그런 식으로 후원을 받지 않는다면 작은 학교에서 컴퓨터실을 따로 만들기는 어렵겠지.

 물론 그 회사가 아무런 대가도 바라지 않고 그렇게 돈을 펑펑 쓸 리는 없지. 꼼꼼히 계산해 보고 나서 그렇게 하는 거란다. 어째서 그럴까? 따지고 보면 컴퓨터를 써서 일을 하는 것은 꽤 멋진 일이지. 그러나 처음에는 그걸 배우기가 쉽지 않아. 차츰 그 컴퓨터에 익숙해지고 자기 마음대로 잘 다루게 되면 사람들은 자기가 쓰던 그 컴퓨터를 계속 사용하고 싶어하지.

너도 한번 생각해 보렴. 부모님이 컴퓨터를 새로 사려고 한다고 해 보자. 그때에 너도 한마디 거들 수 있다면 무엇을 사자고 하겠니? 물론 네가 학교에서 익숙하게 잘 쓰고 있는 그 컴퓨터를 사자고 하겠지? 그리고 더 커서 나중에 너 자신이 컴퓨터를 하나 사려고 할 적에 무슨 컴퓨터를 사기 쉬울까? 으레 학교에서 늘 쓰던 것이겠지.

그것은 하드웨어뿐만 아니라 소프트웨어도 마찬가지야. 학교를 후원하는 그 회사 프로그램에 네가 익숙하다 보니 집에서도 저절로 그걸 쓰게 되지. 왜냐하면 그 프로그램을 써야 집에서도 컴퓨터를 네 마음대로 잘 쓸 수 있으니까.

나도 마찬가지란다. 지금까지 나는 벌써 컴퓨터를 20대나 샀는데, 그건 나만 쓰는 게 아니고 사무실에서 일하는 모든 동료들이 쓰는 거야. 그런데 모두 다 내가 '가장 좋아하는 회사' 제품이란다. 재미있는 것은, 내가 광고 드라큘라를 만드는 방법을 배우기 위해 학교를 다닐 때, 그 학교의 컴퓨터실에 바로 이 회사 컴퓨터들이 공짜로 설치되어 있었단다. 그 때부터 나는 컴퓨터를 살 때마다 그 회사 제품을 산 것이지. 지금까지도 회사를 바꿔 본 적이 없어.

그러니 학교에 들어온 광고 드라큘라가 얼마나 지독한지 이제 모두 잘 알겠지?

- 학교에 광고가 붙어 있다면, 그것은 학교에서 이미 광고 회사에 그렇게 하라고 동의해 주었기 때문이에요.

- 아무도 여러분이나 부모님들에게 단체 주문을 하라고 강요할 수는 없어요. 아무리 반 전체가 더 값싸게 학용품을 살 수 있다고 하더라도 단체 주문이나 단체 구매는 금지되어 있답니다

- 만일 부모님들이 꼭 필요한 사람들을 모아 스스로 공동 구매를 한다면 그것은 매우 바람직한 일이지요. 그렇게 되면 앞으로 여러분 학교에서 쓸데없는 광고를 보지 않아도 될 거예요.

 끝으로 하고 싶은 말

광고 드라큘라야, 이제 영원히 안녕!

이 책을 읽고 나면 광고가 제 아무리 꾀를 써도 광고 회사나 기업가가 바라는 만큼 광고나 선전의 보람이 크게 나타나지 않을 수도 있겠구나. 이제 너를 비롯한 아이들이 예전보다 훨씬 슬기로워졌을 거야. 광고가 도대체 어떻게 돌아가는지, 왜 그리도 광고가 많은지 잘 알게 되었기 때문이지.

이제부터 조금만 잘 살펴보면, 네 호주머니 속 돈을 빨아먹는 저 약삭빠른 광고 드라큘라들을 금세 찾아낼 수 있어. 그리고 어떤 물건을 보더라도, 그것이 네가 정말 갖고 싶은 것인지 아니면 드라큘라의 속임수 때문에 갖고 싶어진 것인지 잘 구분할 수 있을 거라 믿어.
그럼, 안녕!

추천의 글

광고의 본모습을 제대로 보여주는, 말랑말랑한 경제교육서

　이 책은 아이들을 유혹하는 광고의 속성을 조리 있게 설명하면서 광고와 경제의 관계를 보여줍니다.

　슈퍼마켓, 인터넷, 텔레비전, 그리고 각종 잡지 등을 접하며 우리가 무심코 던지는 시선은 이미 광고업자의 치밀한 계산 아래 있으며, 그 때문에 우리의 건강한 소비 의식이 어떻게 잘못되어 가는지 잘 보여줍니다. 책 내용처럼 광고는 '돈을 빨아먹는 고약한 드라큘라', 좀더 정확하게 말하면 '천사의 얼굴을 한 드라큘라'입니다.

　특히 장마다 나오는 '드라큘라에게 속지 않으려면'은, 쏟아지는 광고 속에서 나도 모르게 비뚤어져 가는 소비 의식을 흔들어 깨웁니다. 정신을 흩트리지 말고 광고의 본모습을 제대로 보라고 충고합니다. 또 잊지 않고 올바른 소비가 무엇인지 일러줍니다.

　아이들에게 담뱃갑 모양을 한 장난감을 주거나 아이들 눈에 잘 띄는 곳에 담뱃갑을 두면, 그 아이들은 자라서 담배를 살 확률이 높다고 합니다. 아이들 머릿속에 담뱃갑이 아주 친근한 것으로 기억되기 때문입니다.

따라서 어릴 때부터 광고에 많이 노출되는 것은 광고 속에 나오는 상품의 질을 판단하기 이전에 그 상품을 그저 '좋은 이미지', 또는 '친근한 이미지'로 머릿속에 새기는 것이지요. 광고 업체에서는 이런 사실을 잘 알기 때문에, 아이들을 대상으로 한 광고를 많이 만들어 냅니다.

이러한 광고로부터 아이들을 보호하려고 오스트레일리아에서는 어린이 시청 시간대에 텔레비전 광고를 금지하고 있습니다. 네덜란드와 영국 같은 나라들도 광고를 제한하고 있지요. 영국에서는 뚱뚱한 어린이가 늘어나자 밤 9시 이전에는 단것이 많이 들어간 초콜릿, 청량음료 따위를 광고하지 못하게 하고 있습니다.

　이 책은 왜 광고가 아이들을 겨냥하는지 알기 쉽게 풀어놓았습니다. 광고의 본모습을 제대로 알게 함으로써 아이들을 올바른 소비 생활로 이끌어 주는 말랑말랑한 경제교육서로 손색이 없는 소중한 책입니다.

　따라서 아이들뿐 아니라 끊임없이 무엇인가 사 달라는 아이들 성화에 현명하게 대처하고 싶은 어른들과 아이들에게 보다 쉽게 경제 활동을 설명하고자 하는 선생님들도 읽어 보시기를 권합니다.

환경정의 다음지킴이
박명숙 드림

더불어 사는 지구 11

경제 속에 숨은 광고 이야기

개정판 열네번째 펴낸 날 2023년 10월 13일 | **처음 펴낸 날** 2006년 12월 5일

글 프랑크 코쉠바 | **그림** 야요 가와루마 | **옮김** 강수돌
펴낸이 이은수 | **편집** 이지원 | **교정** 송혜주 | **디자인** 투피피

펴낸곳 초록개구리 | **출판등록** 2004년 11월 22일(제300-2004-217호)
주소 서울시 종로구 비봉2길 32, 3동 101호 | **전화** 02-6385-9930 | **팩스** 0303-3443-9930
인스타그램 instagram.com/greenfrog_pub

ISBN 978-89-92161-64-0 74800
ISBN 978-89-956126-1-3 (세트)

* 이 도서의 국립중앙도서관 출판시도서목록(CIP)은 서지정보유통지원시스템 홈페이지(http://seoji.nl.go.kr)와 국가자료공동목록시스템(http://www.nl.go.kr/kolisnet)에서 이용하실 수 있습니다. (CIP제어번호: CIP2013019183)